新时代高校文化育人的探索与实践

刘灵娟◎著

中国原子能出版社

图书在版编目（CIP）数据

新时代高校文化育人的探索与实践 / 刘灵娟著 . --
北京 : 中国原子能出版社，2022.9
ISBN 978-7-5221-2182-6

Ⅰ . ①新… Ⅱ . ①刘… Ⅲ . ①高等学校－文化素质教
育－研究－中国 Ⅳ . ① G640

中国版本图书馆 CIP 数据核字（2022）第 191101 号

新时代高校文化育人的探索与实践

出版发行	中国原子能出版社（北京市海淀区阜成路 43 号　100048）
责任编辑	张　磊　杨晓宇
责任印制	赵　明
印　　刷	北京天恒嘉业印刷有限公司
经　　销	全国新华书店
开　　本	787 mm×1092 mm　　1/16
印　　张	13
字　　数	218 千字
版　　次	2022 年 9 月第 1 版　　2022 年 9 月第 1 次印刷
书　　号	ISBN 978-7-5221-2182-6　　定　价 72.00 元

前　言

"国家之魂，文以化之，文以铸之。"文化是一个国家、一个民族进步的灵魂，文化兴则国运兴，文化强则民族强。习近平总书记在全国高校思想政治工作会上指出："文化滋养心灵，文化涵育德行，文化引领风尚。加强高校思想政治工作，要注重文化浸润、感染、熏陶，既要重视显性教育，也要重视潜移默化的隐性教育，实现入芝兰之室久而自芳的效果。"高校是培育和践行社会主义核心价值观、传承创新中华优秀传统文化的前沿阵地。文化建设是高校治理现代化的重要组成部分，文化育人在高校落实立德树人根本任务、提升高校思想政治教育实效有着至关重要的作用。

以文化人、以文育人不仅是个体全面发展的内在诉求，也是办好中国特色社会主义大学，响应文化强国时代召唤的内在要求。作为加强高校思想政治教育的重要举措，文化育人的目标一是立德，即涵育社会主义道德；二是树人，即促进学生全面发展；三是增进文化认同，即坚定社会主义文化自信。"文化育人"基于以文化人的逻辑关系，运用文化的内容、途径、手段，将中华民族独特的精神标识即中华传统文化、革命文化与社会主义先进文化融入渐进的教育过程，最终促进人的全面发展。

教育部出台了《高校思想政治工作质量提升工程实施纲要》（以下简称《纲要》），明确提出一体化构建"十大"育人体系，强调要深入推进"文化育人"，开展中华优秀传统文化教育，挖掘革命文化育人内涵，推进社会主义先进文化教育，推动中国特色社会主义文化繁荣兴盛，牢牢掌握高校意识形态工作领导权，践行和弘扬社会主义核心价值观，大力繁荣校园文化，优化校风学风，培育大学精神，建设优美环境，滋养师生心灵、涵育师生品行、引领社会风尚。《纲要》

的提出为高校开展文化育人工作提供了根本遵循，对高校如何动员组织各方面力量共同深化文化育人工作指明了方向和要求。

值得注意的是，文化育人因为涉及"文化""教育""人"三大领域，集多重内涵于一身，又有着自身的特殊规律，因此，高校在不断推进文化育人建设时，要在久久为功、坚持不懈上下功夫，要在抓实、抓细、抓小上下功夫，更要在结合、融入、贯穿上下功夫，努力推进文化育人实践具体化、系统化。

本书名为《新时代高校文化育人的探索与实践》，共六章。第一章为新时代高校文化育人的内涵，第二章为新时代高校文化育人的逻辑，第三章为新时代高校文化育人概述，第四章为新时代高校文化育人的教学内容，第五章为新时代高校文化育人体系的构建路径，第六章为新时代高校文化育人的发展趋势。

作者

目　　录

第一章　新时代高校文化育人的内涵

本章为新时代高校文化育人的内涵，共分为四节。第一节是文化及其功能，第二节是文化育人的内涵，第三节是文化育人的特征，第四节是文化育人的目标。通过四节的论述，旨在使读者对文化育人有一个初步的了解。

第一节　文化及其功能

一、文化的概念

（一）文化的概念溯源

"文化"一词从词源上讲，拉丁文 cultura 是其来源，原义是指对植物进行培育和进行农耕。15 世纪以后，其本义逐渐被引申为培养人的品德和能力。"文化"一词在中国的古籍中，很早就出现了。"文"的本义，指各色交错的纹理。《周易·系辞下》曰："物相杂，故曰文。"《说文解字》释"文"："文，错画也，象交文。"这都是指"文"的本义。在此基础上，衍生出若干引申义，如文字、文物典籍和礼乐制度、文章、文采、德行、美善、修养等等。"化"的意思是"教化""教行"。"文化"从社会治理的角度来说，是指以礼乐制度教化百姓。在《说苑》中，汉代刘向认为："凡武之兴，为不服也；文化不改，然后加诛。"此处"文化"含教化之意，与"武功"相对。在《三月三日曲水诗序》中，南齐王融提到："设神理以景俗，敷文化以柔远。"其中"文化"是文治教化的意思。

《中国大百科全书》"社会学"卷说："文化一词的中西两个来源，殊途同归，今人都用来指称人类社会的精神现象。"

（二）文化的概念界定

从古代到近代，"文化"一词的内涵与外延不断被拓展并且不断演化。我们可以对中外近现代学者精辟的论述进行分析和借鉴来阐述文化的特征。梁漱溟关于文化有着这样的观点："文化就是吾人生活所依靠之一切""不过是那一民族生活的样法罢了"❶。他的说法体现了文化在人类实践活动中的作用，也反映了文化的本质，即文化是社会实践活动的反映样态。近代学者黄文山提出："文化的内容是由人类过去的遗业所构成的，所谓遗业者，在性质上是累积的，而累积是一种客观的、历史的现象。"❷这就说明文化的范畴是历史的，文化的特点是传承性。美国人类学家克莱德·克鲁克洪教授强调，文化指的是某个人类群体独特的生活方式，是他们整套的"生存式样"，具有为整个群体共享的倾向，或是在一定时期内为群体的特定部分所共享，这就说明他眼中的文化不仅是一种样态，文化反映了人类的生活方式，反映了一定时期内特定人类群体的意识状况，也反映了他们的行为模式。在《中国文化精神》一书中，钱穆也提出了自己的观点："文化即是长时期的大群集体公共人物。"这与克莱德·克鲁克洪教授的观点非常一致，并且对文化特征的群体性进行了强调。

通过不断借鉴和学习，我们可以对文化的本征性含义做出如下解释：文化是在社会实践行为过程中，特定的人类共同体的主观意识状况和水平基于群体性的反映样态。

通过解读各位学者对文化的观点，我们可以从以下几个方面进行分析：第一，文化产生、文化发展都直接或者间接反映了主体人的主观意识，也就是说文

---

❶ 梁漱溟.中国文化要义［M］.上海：上海人民出版社，2011.

❷ 吴存浩，于云瀚.中国文化史略［M］.郑州：河南文艺出版社，2004.

化是主体人行为的文化。第二，文化真实反映了主体人的思想，即其主观意识的真实状况。第三，文化是主体人行为过程中的群体意识集合的文化。第四，文化是在主体人行为过程当中产生的，并且不断发展，即文化是主体人行为过程中的文化，文化在纵向时间上具有承前启后的传承性的特点，在横向上具有同化和类化的互渗性的特点。所以，我们可以说虽然人类的主观意识中蕴含着文化，但并不是能反映人类主观意识的样态就一定是文化，在社会实践过程中，只有形成了特定群体的意识集合才能被称为"文化"。

二、文化的内涵及类型

文化（culture）的概念有很多种，我们很难单纯地从某个角度进行定义。在拉丁文中，主要指"人的身体、精神特别是艺术和道德能力及天赋的培养，也指人类通过劳作创造的物质、精神和知识财富的综合"❶。在汉语中，"文化"指的是"文治教化"，指的是对人的教化，是对人心性的修炼，属于精神文明的领域，"自然"是与之相对应的词，"野蛮"是与之相反的词。不同的学者对现代意义上的"文化"的解读是不同的，有学者曾"列举了文化一词的 161 种定义，随后出现的定义还不算在内"❷。随着社会的发展，人们对文化的理解也越来越深刻。文化是经过人类的长期实践和长期的社会历史积淀的一种历史现象。也就是说文化在物质之中被蕴含着，但是却又被折射于物质之外。文化是一种意识形态，大家对国家或民族的传统习俗、风土人情、价值观念、生活方式、思维方式等普遍认可，并一代代进行传承。文化十分复杂，它折射了一定时代的人们在精神领域的物质生活。

"文化"一词可以从广义和狭义两个角度来讲，也有名词和动词意义之分。

---

❶ 谢晓娟.文化多样性与当代中国软实力建设［M］.北京：人民出版社，2015.

❷ ［法］费尔南·布罗代尔.文明史：过去解释现时［M］.顾良、张慧君，译.中央编译出版社，1997.

对于文化的解读，我们从三个层面进行。广义的文化，范围较大，指的是人类的一切实践活动以及这些活动所带来的结果，我们也可以称之为"大文化"，马克思认为广义的文化就是以实践为基础的外部世界的人化和人的主体化，也就是自然的"人化"，清晰地展现了人与自然、主体与客体的关系。中义的文化，是人类在长期的社会实践活动中形成的，如审美趣味、道德情操、思想理念、宗教信仰、民族性格、价值取向、风俗习惯等精神因素，这是精神文化，也是观念文化❶。文化无法直观展现，只能通过"符号"或者"产品"来展现，这种"符号"就是人的意识的表征，而"产品"就是文化的载体。狭义的文化，指的是通过主体来展现客体美，通过典型的形象来反映主体对客体的审美创造的一种方式。人的社会实践的来源是人实践活动的结果和本身，也就是艺术。这三个层次的文化彼此融合。精神文化（亦即意识文化、观念文化）深度地融于广义的文化，广义上的文化只有具备精神文化内蕴才可以被称为文化，精神文化是对艺术的展现。

从名词意义讲，人类的认知客体就是文化，学者们对文化有着各种角度的理解。比如，文化是"人的生活样法或生存方式""人的第二自然""给定的和自在的行为规范体系""一种活生生的有机体""人类文明的总称""自觉的精神和价值观念体系"❷，等等。从动词意义上讲，文化是一个动态的过程，人向文而化的过程就是人脱离原初自然状态的过程，这也促使了人类逐渐走向文明和社会化。人类的一切实践都可以被看作文化活动。

从不同的角度，我们可以将文化划分为不同的类型。就艺术而言，可分为高雅艺术和通俗艺术，这是按艺术的高低层次来划分；还可以划分为语言艺术、音乐艺术、图像艺术、造型艺术、表演艺术，这是按艺术表现形式划分。就广义的

---

❶ 周晓阳，张多来.现代文化哲学［M］.长沙：湖南大学出版社，2004.

❷ 衣俊卿.文化哲学十五讲［M］.北京：北京大学出版社，2004.

文化而言，可分为先进文化、普通文化、落后文化，这是按文化的先进性划分的；也可分为传统文化、现代文化和未来文化，这是按社会历史过程划分的；又可分为物质文化、制度文化和精神文化，这是按文化形态划分的。就精神文化而言，分为社会意识形态和非意识形态，这是按意识同政治的关系划分的；也分为社会意识形式和社会心理，这是按照意识的高低层次划分的；又分为自在的文化与自觉的文化，这是按照文化存在的方式划分的。

三、文化的属性及特征

文化不是一个具体的对象，它不能与一些具体事物相并列，如经济、政治、科技或其他事物等，而是"内在于人的主体世界的东西，它包括精神领域的一切，是人的本质力量的表现。"❶文化无形，很难把握，必须要分析其本质属性和特征。

文化在于人的实践创造性，人的本质对其本质起决定性作用❷。文化至少具有三种本质属性。第一，文化具有创造性。创造是实践的本质，人的本质特征是创造性，文化也具有创造性，是人的创造性本质的外化。第二，文化蕴含着人的目的、人的意识、人的创造性，这种人性的属性是文化的本质属性，"以人为本，面向人，理解人，为了人"，文化为人类所特有。第三，文化具有主体性和实践性。人与文化是紧密结合的，文化的主体是人。在现实生活中，每一种文化的产生和发展的基础是人的实践，不同的人群有不同的文化，文化是具有主体性的人的实践产物，通过人的实践才能检验出一种文化是进步的，还是落后的。因而，文化的本质属性是人的主体性和实践性。

文化作为人类实践创造性的产物，其基本特征是历史性、系统性和开放性，

---

❶ 王升臻.文化视角下思想政治教育本质新论［J］.探索，2012（2）：133–139.
❷ 周晓阳，张多来.现代文化哲学［M］.长沙：湖南大学出版社，2004.

其本质属性是实践性、创造性、主体性和属人性。

文化是稳定性与动态性的辩证统一。文化是具有一定结构和功能的有机整体，由诸多文化要素构成，这些要素相互影响、相互联系、相互作用，使文化成为一个复杂的大系统。文化系统性的内涵主要包括两个方面：一方面，文化主体和客体是构成文化系统的基本要素。实践是文化系统的基础，是联系主体与客体的中介。文化是一种变化性的存在，这一特点是由其文化主体实践的创造性和丰富性决定的。另一方面，文化系统的结构和层次都不是固定不变的，是可以分割的，社会文化大系统可以分为许多子系统，子系统又可以分为更多的孙系统，这种文化系统不停地分割就体现出了整体性和可分性。冯天瑜指出文化"是一个有机的生命过程，是一种可以传承、传播、分享和发展的动态体系。"❶ 文化也相对稳定，它有自身的惯性和生存力，这体现了文化是动态性与稳定性的统一体。

"一种文化的形成和演变，归根到底是其主体实践过程不断自我凝聚、自我升华、自我积累的产物。"❷ 文化辩证地展现了历史继承性和阶段性的统一。主体通过不断的实践和自我的积累，从而产生文化，这个过程是不断向前演进的，是一个客体逐渐走向主体化的过程。费孝通指出，"文化有自己的历史，本身有历史的继承性，有自身的发展规律，体现在一般所说的民族精神上。"❸ 李宗桂指出，"文化的发展既有历史的连续性和稳定性，又有时代的变动性和现实性。任何民族的文化，就其内容而言，都是前后相继的历史精神的延续，都是现实的时代精神的体现。"❹

---

❶ 冯天瑜.文化守望［M］.武汉：武汉大学出版社，2006.

❷ 孙麾，林剑.马克思的文化观与当代中国文化建设［M］.北京：中国社会科学出版社，2015.

❸ 费孝通.文化与文化自觉［M］.北京：群言出版社，2010.

❹ 李宗桂.传统与现代之间：中国文化现代化的哲学省思［M］.北京：北京师范大学出版社，2011.

　　文化这个系统是开放性的，是横纵两个方向彼此交流的统一。文化的开放性可以从很多方面看出来，如其传播性、普遍性、交流性。文化的横向交流主要体现在求异性与渗透性两个方面，文化的纵向交流体现在历史发展性和传承性两个方面。文化的横向交流就是不同群体不断进行文化交流和借鉴的过程，各群体文化优势互补、彼此交融。文化的纵向交流是文化的创新与发展，文化不断地演变，不断进行优化整合，逐渐从低级走向高级。文化从纵向和横向两个方面进行交流，实现有机统一，并且能够实现系统的动态发展。文化交流性的前提是其传播性，文化传播主要体现在文化在不同主体之间进行蔓延和传递，这个过程需要持续进行，也具有空间上的广延性。科技发展的越来越快，文化传播的空间也越来越广，甚至传播到了外太空。"人类劳动或实践的普遍性品格，赋予了文化的普遍性品格"❶，文化具有普遍性，这也是文化进行广泛传播的基础。网络发展得越来越快，文化传播得也越来越快，这也就体现了文化的即时性。文化的交流性、传播性和普遍性，就体现了文化是与时俱进的，它面向未来、面向世界，具有很强的开放性。

四、文化的功能

　　从宏观到微观，文化的功能在很多层面都有所展现。以下从文化育人、文化治校以及文化强国等宏观的角度出发，探讨和总结文化的各项功能。

（一）育人功能

　　大学的天职是培养人才，大学文化的核心功能就是其育人功能。纵观"文化"概念的演变过程，文化表现出了极强的教育属性，从古代开始，文化的教育意义就已经出现，观乎人文，以化成天下。大学是实施高等教育的文化机构，是

---

❶　周晓阳，张多来 . 现代文化哲学［M］. 长沙：湖南大学出版社，2004.

各类文化形态交汇的中心，是优秀文化的发源地，不仅要培养人才、研究科学、为社会服务，还要传承与创新我们的优秀文化。大学组织这种强烈的文化属性与教育属性，更加有力地诠释了大学文化的育人功能。有学者直言："大学即文化，高等学府即文化机构。"这说明大学本身就是一类文化组织❶。大学文化育人不同于普通的能够为人所看到的显性教育手段，其主要是通过营造催人奋发向上的文化氛围，通过熏陶的方式，使置身于其中的大学人自觉于修身向学。大学文化育人不同于普通课堂的教育手段，这种教育手段并不具有强制性，却有更广的覆盖面。除了大学课堂上，大学校园中的每一个角落，包括一亭一柱、一砖一瓦、一草一木等都可能无形地、潜移默化地影响置身于其中的大学人。文化之育人功能，也就主要体现并反映在对人的精神世界的构造与形塑、人的生存技能的培养与拓展、人的行为惯性与行为方式的养成三个方面。

1. 对人的精神世界的构造与形塑

人作为一种智慧性的生命物质，其文化性存在的本质特征主要是由精神世界的丰富、完善与发展而得以显现的，并由此而与物的存在产生根本性的分野。因此，对于人的存在与发展而言，根本性的表征也就在于其精神世界的丰富、完善与发展。

人的精神世界是一个由人对客观世界的认知反映而形成的意识性观念世界，主要包括了人对自身置于其中的自然世界的意识性反映、人对由自身的生存实践活动创造并结成的人类社会的意识性反映，以及人对自身反观性的意识性反映三方面的内容。其中，人对自身置于其中的自然世界的意识性反映，形成了关于人的自身存在的自然世界的意识系统，即人的自然观念系统；人对由自身的生存实

---

❶ 田建国.大学教育沉思录［M］.济南：山东教育出版社，2010：87.

践活动创造并结成的人类社会的意识性反映,形成了关于人的自身存在的社会历史的意识系统,即人的社会观念系统;而人对自身反观性的意识性反映,则形成了关于人的自身存在的自我意识系统。

人的精神世界的生成,并非一个伴随着个体生命的诞生而自然形成的过程,而是个体在后天的成长与生存实践活动过程中有意识地建构而形成的,并且始终是一个开放的系统,呈现着未完性与发展性的特征。在人的精神世界的建构过程中,人类已创造的文化尤其是那些内含着丰富价值意义的精神文化产品或成果,无疑发挥着重要的功能价值。一方面,人在后天的成长与发展过程中通过与他人及周围环境的交往而形成对他人、社会及客观世界的认知反映,从而逐步建构起关于外在世界、自身及其关系认知的观念系统;另一方面,人的成长及伴随着成长而展开的有意识、有目的、有针对性的学习与教育活动,是人通过间接性的认知而形成、建构、拓展并丰富自身观念系统的重要途径。

2. 对人的生存技能的培养与拓展

如同人的精神世界的生成与构造一样,人的生存技能以及对社会生活的适应能力,也不是通过生物性的遗传获得的,而同样是在人的后天的生存实践与交往活动,尤其是在专业性的技能训练中得以培养、丰富、提升并发展的。无疑,在人的生存技能的培养、丰富、发展与提升过程中,文化这一体现和反映人的生命本质力量的创造物,自然也发挥着无法取代的功能性作用。正是由于人类对文化的创造以及文化以独立形态的存在、发展、传播与继承,才使人类掌握的生存技能完全摆脱了生物性遗传特性的制约,并由此获得了无限广阔的发展空间与发展的可能性。与此同时,也使人类获得了越来越丰富、多样与强大的征服和改造自然的能力,进而使人类社会生产、社会生活与社会文明的进步也获得了持续不竭的推动力。

文化之所以具有培养、丰富与拓展人的生存技能的功能属性，根本的原因是文化与构成人的生存技能的要素特征具有高度的同一性。或者更确切地说，人类为了实现现实的生存与发展而训练、养成与习得的任何技能，既是人类文化创造的体现与反映，同时也是人类已创造文化对于人自身改变的结果。因此，我们认为，人类已创造的文化及其在现实的生存与发展过程中展开的文化性创造活动，都是促使人类生存技能训练、养成、丰富与提升的重要客观力量。

3. 对人的行为惯性与行为方式的养成

对人的行为惯性与行为方式的塑造与养成，也是人类文化育人功能的重要表征。虽然人的行为惯性与行为方式在形式上表现为人的行动或行为的格式化与稳定化倾向，是对一定的行为准则与行为规范的遵守，但是人在现实的社会生活尤其在与他人交往过程中所表现出的行为惯性与行为方式，从根本上而言，是受到人的内在品性与特定的行为倾向性支配的。由于人的任何内在品性与行为倾向性特征的生成、发展或改变，无不受到人自身生存环境及其实践交往活动所内含的文化性因素的支配与制约，因而在一定意义上我们可以说，决定人的行为惯性与行为方式生成或者改变的根本因素，并非人与生俱来的生物性特征，而是人在后天的生存实践与发展过程中通过对对象化活动关系内含信息意义的认知、评判、接受与内化而生成的文化性特征。

（二）治校功能

如果一所大学文化底蕴并不深厚，那么便很难约束大学人。大学之治，重在涵养其文化底蕴❶。大学文化是在无形当中约束人、影响人，甚至改造人，大学还

---

❶ 眭依凡.论大学校长之文化治校［J］.清华大学教育研究，2012（6）：24.

可以整合资源，使资源可以得到有效的利用，使大学生形成使命感和责任感，使大学的文化底蕴和人文气息得以凸显出来，促进大学的高效发展和高效治理。大学生文化是大学人生活的重要部分，在大学文化的加持下，大学组织就会坚固稳定。大学文化属性，决定了大学是一类文化组织，因此可以借助文化的力量来治校。首先，大学文化可以整合大学各种资源，然后对大学发展进行协调和引导；其次，文化治校有着"以人为本，以人的需求作为根本出发点"的优势，因为文化往往会更加注重人的需要，人的存在被注意到；再次，文化治校更多地关注了大学人的需求，和硬性的制度治校相比，更加人性化，引导大学内部人员建立共同的目标，促进大学的良性治理。

（三）强国功能

大学文化属性较高，其本身就可以代表国家先进文化，能够对文化发展、文明进步起到引领和推动的作用，具有传承和创新文化的作用。随着社会不断发展，大学已不仅仅是代表自身利益的一类组织。如今国与国之间竞争的重心是科技与文化的竞争，只注重军事以及经济之间的竞争已经落伍了，关键是人才的竞争。文化可以强校，大学强大才可以强教育，教育强大才可以强人才，人才强大才可以强经济、科技和文化，文化强国的理论我们就是由此推断出来的。纵观世界各国，没有大学的地方是不可能在世界上领先的。美国闻名世界的一流大学和世界一流的高等教育体系为其强大提供了文化基础，文化是国家的命脉，文化对国家的兴亡起到决定性作用。

第二节　文化育人的内涵

塑造人或教化人体现了文化的基本功能，文化育人使得文化功能得以实现。从总体而言，文化育人就是以文化人，即用文化价值渗透的方式，将先进文化的价值渗透到人的灵魂深处，在遵循思想政治教育规律和大学生成长规律的基础上，内化于心、外化于行，最终实现文而化之的目的，促进人的全面发展。文化育人强调"重视人文教育、隐性教育，注重精神成长、思想提升，主张潜移默化、润物无声，通过有意味的形式，长久地、默默地、逐渐地感染人、影响人、转化人"，实现"入芝兰之室，久而自芳"的思想政治教育效果。

要想知道什么是文化育人，那就要知道"文化"指的到底是什么。文化育人中的"文化"有三方面的内涵：一是指以什么样的文化内容和文化形式育人，即育人"内容"和"载体"意义上的文化；二是"文而化之"是"过程"中的文化，是一个教化过程；三是"目标指向"育人意义上的文化，有着更深的精神文化层面，是从人的信仰上来教化和塑造人。因此，要正确理解文化育人的丰富内涵，要知道它不是一个内涵单一的概念，需要深刻理解文化育人"以怎样的形式育人""以什么样的文化育人""育人的核心目标指向是什么"的三个问题。

一、用社会主义先进文化培育人

"以什么样的文化育人"中的"文化"：从内容意义上，就是文化育人活动；从文化哲学的角度看，就是构建人们的思想和行为，通过社会主导的文化引导人们，就是"特定阶级或集团用特定文化的价值和意义对人们进行文化建构的过程和活动"。当代中国的主导文化是中国特色社会主义文化，中国文化的发展方向就是由中国特色社会主义文化决定的。载体意义上的文化，是指思想政治教育者利用各种文化成果作为育人载体或手段，目的是教化人、提升人。这些文化成果广泛地存在于物质文化、制度文化、精神文化之中，都承载着某些特定的思想政治教育价值观念，可以像各种文化产品、文化活动等文化形式一样出现，它不同于书本上的知识，它的存在紧贴现实社会生活。在现实的社会文化生活中，人们感知它、接受它与习得它。育人载体意义上的文化具有先进性，人们感知到它，并认同它，思想政治教育主体能利用它对人展开思想政治教育。因此，文化育人所承载的文化内容一定是社会主义先进文化，这与运用什么样的文化载体并无关联。从这个意义上讲，就是坚持科学理论武装、优秀作品鼓舞、高尚精神塑造、正确舆论引导，用社会主义先进文化培育人，就是文化育人的第一重基本内涵。

二、在渐进的文化过程中培育人

文化是文化的成果，也是文化的过程，人类的一切实践活动都被包含在内。"过程"意义上的文化，重在"化"，主要包括人在实践中向文而"化"的过程、文化"化"人的过程这两个向度。在育人中，两个过程是人与文化之间永不停息地双向建构的过程，同时存在，互生互动，相辅相成。前者是对人的主体能动性的体现，注重内在生成，后者是强调外在对人的塑造和教化。

文化育人的目的是促进人的提升与完善，通过文化内在生成和外在给予的方式，来对文化个体进行化育，对个体进行引导，使之向文而化。"文化"的过程是渐进的，是一个教化的过程，这个过程是客观的文化逐渐成为个体内化的精神活动的过程，这个过程强调文化的价值。从更深的层面讲，这是一个互相转化的过程，也就是说文化客体主体化（知识人化）和文化主体客体化（人的知识化）。"文化"过程育人是"将人类已经发展起来的先进文化成果转化为个体内在本质力量、促进人的精神生活全面发展的过程",从根本上讲,文化价值认知是基础,在这个前提下人逐渐实现知行统一,使文化生活实践的养成作用得以发挥。人对文化的价值认知离不开人的文化生活实践,由此促成的文化行为也离不开人的文化生活实践。因此,要想在"文化"的过程中真正实现育人,必须要促进人在渐进的"文化"过程中实现知行统一,使文化生活实践的养成作用充分发挥,只有这样才能使文化的内在生成和外在给予过程中育人的价值真正体现出来。从这个意义上讲,在渐进的"文化"过程中培育人是文化育人的第二重基本内涵。

三、从人的思想观念和理想信仰层面育人

育人"目标指向"意义上的文化是文化育人中"文化"的第三重内涵,即文化育人从根本上是对人的外在行为进行规范,还是要对人内在的思想观念和理想信仰进行培育?它育人主要在哪一层面进行的?关于这些问题有着一个明确的答案。人的精神文化,即实现人的内在思想观念的转变是文化育人的核心"目标指向"。人的内在思想观念的转变是从"文化的认知"到"文化价值观念的认同",到"文化价值观念的内化,甚至是理想信仰的升华",再到"恪守价值准则或追求理想信仰等行为的外化"的一系列转化过程。在这些转化过程中,形成价值观念和理想信仰是其根本,从文化育人"目标指向"意义上来说,这是"文化"的终极形态,也就是人的精神文化。从这个角度来讲,在人的价值观念和理想信仰形成中培育人就是文化育人的第三重基本内涵。作为一个民族文化的灵魂,一个国家的思想道德基础是其核心价值观。在精神文化层面育人,育德是其首要目标。现如今,中国的社会主义核心价值观是马克思主义思想的集中体现、中国人民共同的思想道德基础。"把培育和弘扬社会主义核心价值观作为凝魂聚气、强

基固本的基础工程"，习近平总书记要求我们要对社会主义思想道德建设进行持续深化，用道德为社会主义建设提供深厚的滋养，从精神上提供强劲的动力。

第三节　文化育人的特征

一、文化育人以"以人为本"为根本要求

在适应社会和改造社会的过程中，人形成的经验和智慧就是文化，这是从文化的形成和起源。因此，文化形成的前提是人，文化是人创造的。教育的内容是文化，教育的对象是人，要想使人的主观能动性得到激发，使育人的根本目标能够实现，使文化的传承、更新与再创造得以实现，就要对文化内容和育人方法进行科学选择，促使文化精髓内化为个人文化修养和价值观念，这是从文化的传承、更新与创造方面来讲的。教育者的主体地位要凸显出来，人文关怀要凸显出来，要培养德智体美劳全面发展的社会主义建设者和接班人，使他们能够实现全面发展，成为一个完全的人，同时将育人的目标与各项相联系，使人获得自由、尊严、幸福、终极价值，拥有社会服务能力，这是从教育的目的来讲的。通过上文的阐述，我们可以看出，人与文化不可分割，人创造了文化，同时又将文化作为一种手段，使人的全面发展能够更好地实现，使人对美好生活的追求得以实现。因此，文化育人的首要前提和根本要求是以人为本。

二、文化育人内容广泛

文化作为载体，承载了物质文明和精神文明，人类生活的全过程都有文化。学校文化、民族文化、社会文化、家庭文化等是从文化空间范围来进行分类；制度文化、精神文化和物质文化是从文化形态来进行分类；中华优秀传统文化、社

会主义先进文化、革命文化和人类优秀文化等是从文化内涵来进行分类。文化的产物有很多，其中之一就是大学，大学在自身不断发展的过程中形成了自己的文化。作为一个文化机构，高校具有一个特殊功能，那就是传承、发展与创新文化，其育人过程是有目的、有计划的。在文化育人过程中，高校要善于协同社会和家庭等多方力量，形成育人合力，对文化的多重形态进行把握，对文化的丰富内涵进行挖掘，在育人过程中，使各类文化能够互为补充并且相互协作，使文化育人的作用得到发挥。

三、文化育人以学校教育为主

教育是从三个维度来完成的，包括社会、学校和家庭。学校比起社会和家庭育人更加专业化，是有目的、有计划的，为文化滋养提供动力，是文化育人的主体维度，是学生树立系统文化价值观的关键。高校的文化育人促进中国文化发展，推动中国文化逐渐走向繁荣。学校的任务是最基本的，就是培养文化性的现代公民，还在"提升国家文化软实力、维护国家文化安全"方面发挥着重要作用。在北京大学师生座谈会上，习近平总书记提出："要把立德树人的成效作为检验学校一切工作的根本标准，真正做到以文化人、以德育人。"最近几年，学校的育人措施包括思政、德育、美育、劳动教育等，重视立德树人的根本任务，让大学生在接受大学教育的过程中潜移默化地受到文化的教化和影响。

四、文化育人是认识与实践相结合的过程

在原始社会中，为了使现在所拥有的社会文化生活得以维持，人类把积累很多年的生产生活经验传给下一代，从而使文化和教育在此基础上逐渐开始萌芽和发展。在运用经验实践的过程中，为了使新技能能够不断地被创造、被发现，并一代代传递下去，文化育人结合了认识和实践，通过多种形式的教学活动来完成

文化的传播这一项重要的任务，让学生能够树立正确的文化观念，将合理的知识结构构建起来。文化育人的内涵不止于此，高校文化育人要意识到实践才是检验真理唯一的标准，高校要采用科学的方法并且结合学生对文化的认识实践过程，对学生知行合一的文化人格进行培养。

五、文化育人具有丰富的民族性和历史性

文化具有民族性和历史性，它是在一定时期和特定环境中某一人群创造的产物。作为人类物质生产和精神生产活动的产物，文化是载体，承载了社会生产和人情人性，所以所有的文化都具有相同点。在文化民族性的前提之下，一个国家对本国的文化进行发展，肯定要对外来文化进行批判的借鉴，在对自身的教育目的进行确定之后，使文化和教育能够为政治服务，文化的民族性、历史性和共性等特性发挥了决定性的作用。我国的社会性质决定了我国教育的根本任务就是对社会主义的接班人和建设者进行培养。因此，文化育人的民族性和历史性，从根本上，是由文化作为育人的主要内容、教育作为育人的主要方式和手段来决定的。

第四节　文化育人的目标

无论是哪一种教育实践活动，都会有自身追求的目标。高校通过文化育人来进行思想政治教育，使人才培养、思想政治教育总体目标与所追求的目标保持一致。文化育人是非常特殊的，它也是一项思想政治教育活动，从整体教育的角度来看，文化育人能促进学生的全面发展；从文化软实力建设的角度，思想政治教育对学生文化自信进行了培养；从思想道德建设的角度，这是对学生的社会主义核心价值观进行培养。总的来说，文化育人的目标层次有三个：一是立德，是树

立社会主义道德观念，培养社会主义核心道德；二是树人，对学生的全面发展起到促进作用，使学生成为全面的人；三是增进社会文化认同，使学生对社会主义文化产生高度的自觉和自信。其中：思想政治教育的核心目标是对社会主义道德进行培育，思想政治教育价值追求的根本目标是促进学生全面发展，文化强国的基础目标是对社会主义文化自信的培育。

一、培育社会主义道德

文化育人重视立德，其核心目标也是立德，也就是培育社会主义道德。国无德不兴，人无德不立。党的十八大报告提出，"立德树人"是一项根本任务，这为高校的育人工作提供了方向，也提出了明确的要求。习近平总书记多次强调，中国特色社会主义事业的建设需要精神动力，思想道德的建设需要文化滋养，弘扬中国文化，树立时代新风，使中国特色社会主义核心价值观取得长足发展。文化育人的核心内容是社会主义道德思想建设，立德是其核心目标，用社会主义核心价值观树立社会主义道德，"德"在人的综合素质中处于核心地位，"树人"的一种方式就是"立德"❶。

德育的不竭资源是文化。人的思想教育水平对思想道德水平有着很大的影响，也和文化滋养的关系非常紧密。知识教育重思维，文化滋养重个人，文化滋养的作用至关重要，对人的心灵和思想道德都起到重要作用。

培育社会主义理想人格是文化育德的最高境界。理想人格就是人们追求的完美人格，这种完美人格以一定的道德标准作为底线，无法离开具体的社会历史条件，是时代精神的体现。随着社会主义现代化建设进程逐渐推进，社会主义人格所承载的内涵也越来越丰富，呈现出不断发展和完善的趋势。

---

❶ 骆郁廷，郭莉."立德树人"的实现路径及有效机制［J］.思想教育研究，2013（7）：45–49.

二、促进学生全面发展

文化育人就是对学生进行培养，使之成为全面发展的人才。文化育人不仅重视立德，还重视树人，立德为先，促进学生的健康发展，使其成为一个全面的人，如此一来，学生可以学到专业的知识和技能，根据自身兴趣培养自身个性化的素质，使其拥有鲜明的特点❶。

我们进行社会主义现代化建设是为了促进人的全面发展。改革开放的不断深化日益凸显出经济、自然与社会三者之间协调发展的重要性。从这个意义上讲，促进经济、自然与社会协调发展，全面深化改革开放，需要当代中国人的全面发展。

通过发展社会主义先进文化来促进学生发展，使之成为一个全面的人，是高校实施文化育人的重要目标。发展社会主义先进文化，实质就是在建设阵地。社会主义先进文化是大学精神建设的统领，使大学文化可以高品位地进行建设。培养身心健康、有艺术鉴赏力、德才兼备、富于创新精神、个性充分发展、有社会责任担当以及德、智、体、美、劳全面发展的人，是发展社会主义先进文化的根本任务。要促进人的全面发展，正确的舆论引导和科学的理论武装都是必不可少的，同时也需要优秀作品的鼓舞和高尚精神的塑造。

三、培育社会主义文化自信

坚定中国特色社会主义道路、理论和制度，在这个基础上，还要坚定文化自信，习近平强调文化自信是"更基本、更深沉、更持久的力量"❷。将社会主义文化自信作为基础，才能推动中华民族伟大复兴，实现社会主义共同理想。培育社会主义文化自信是文化育人的最基础目标，文化育人主要是通过社会主义先进文

❶　刘娜，杨士泰．立德树人理念的历史渊源与内涵［J］．教育评论，2014（5）：141-143.
❷　陈俊卿．坚定文化自信推动文化发展［N］．人民日报，2016-10-20（7）．

化对人进行影响、塑造，促进大学生理解和认同社会主义文化。从根本上说，文化自信包括坚信其文化生命力、确认其文化优势、肯定其文化价值，强调的是文化群体或个体认同其本土文化。传承与弘扬中国传统文化，坚持社会主义道路自信、理论自信和制度自信，我们只有对自身的文化保持高度自信的态度才能应对外来的文化冲击和侵蚀，这是核心力量，也是思想根基，也是力量之源，对文化大繁荣的促进有着重要的作用。

文化自信的基础是文化主体认同自身文化。当代大学生就应该对中国文化保持高度自信，增强民族文化认同，传承中华文化，创新中华文化，促进中华文化的发展，这是一项迫切的任务，也是一项重要的使命，在全球化的时代背景下，使大学生能够更有勇气、更有信念。

第二章　新时代高校文化育人的逻辑

本章内容共分为三节：第一节为文化育人的理论逻辑，第二节为文化育人的理论基础，第三节为文化育人的历史渊薮。本章从逻辑角度阐释了文化育人的相关理论。

第一节　文化育人的理论逻辑

一、新时代高校文化育人逻辑的理论依据

（一）马克思主义实践哲学

文化是人类的特有现象，文化育人也是人类社会发展的特有活动，马克思主义实践哲学深刻地回答了构成这种特有活动的原因。马克思主义认为实践是人的存在方式，是人所特有的对象化活动。所以，在马克思主义实践哲学中，我们可以找到有关文化育人实践活动理解的最根本的理论依据。

（1）实践是人所特有的对象化活动。马克思认为，人"通过实践创造对象世界，改造无机界，人证明自己是有意识地类存在物"❶。人类实践活动包含着主观因素，这与动物与自然合一性有着明显的区别，人的实践活动的主体性特征在人类的实践活动中具体体现为自主性和创造性。人类掌握自然规律，在实践活动中，人们可以根据自身需要创造出人化的自然。这是一个二重世界，人与动物共

---

❶　马克思恩格斯选集（第一卷）［M］.北京：人民出版社，2012.

存的同时，还有人类创造的属于人的世界。在人类的实践活动中，人类的文化现象是由主体性特征所体现出来的，人类活动的对象世界也是由于这种主体性特征才被创造出来。换句话说，人类文化从最广泛意义上来说就是人类世界的全部呈现。

（2）实践是人的存在方式。动物依靠自然界赋予的某一方面的完善器官而维持活动，而人的存在方式却并不需要依靠自然，"实践构成了人的存在方式"❶。从人类的生命活动类型来看，人类实践首先就要将人类和自然的关系进行恰当的处理。人类想要拥有更高层次的活动，就必须解决生存问题，在进行物质资料生产的过程中，动物是被动适应，而人类是利用自己的主体性特征来改造自然，"把整个自然界变成人的无机的身体"❷。其次，人类还要注意社会关系，主体和客体的联系是物质生产的基本结构，人类存在的方式也以此为基础上。在实践过程中，人类不断发生物质活动，不断调整社会关系，促进人类社会的发展。

（二）皮埃尔·布迪厄实践逻辑理论

人类生命活动是有规律的，人们普遍遵循的马克思主义实践哲学就很好地回答了文化育人活动能够实现的原因，并且用理论进行解释。如果说马克思实践主义哲学是从宏观的角度来理解的，那么从微观角度来理解的话，我们可以用皮埃尔·布迪厄的实践逻辑理论。

要准确定义布迪厄的实践逻辑理论是十分困难的，要分析其观点，进行深入理解。理论无法对实践进行无穷无尽的解释，布迪厄阐释实践的意义是由时间构成的，时间不可逆转，实践也是在这个过程中不可逆转地展开，"实践完全内在于持续时间，故与时间联结在一起"❸。理论无法客观地解释实践，只有了解实践

---

❶ 陈先达，杨耕. 马克思主义哲学原理［M］.4 版.北京：中国人民大学出版社，2016.

❷ 马克思恩格斯选集（第一卷）［M］.北京：人民出版社，2012.

❸ ［法国］皮埃尔·布迪厄. 实践感［M］.南京：译林出版社，2012.

的总体效应，才能有描述实践的条件。在一定的情况下，实践关系对每一种实践都进行了规定，理论无法完整地对实践进行科学表述。但是实践的逻辑"只能在行为中，亦即在时间运行中被领悟"❶，单单靠书写是无法找到的。

要想真正地理解新时代高校文化育人实践，皮埃尔·布迪厄的实践逻辑理论为我们打开了新的思路。通过这一理论我们分析出高校文化育人具体实践的逻辑，也就是说开展文化育人实践活动的同时，必须要遵循运行的机理。

（三）教育政治学理论

教育政治学顾名思义就是关于政治和教育的学科。"社会资源的分配是政治活动的最终目标。"❷这是这一学科的基本观点，在这句话中的社会资源指的是所有领域的社会中正在运行的所有资源。正是"由于公共问题分属于不同的领域，政治要对不同领域的问题进行决策，所以，政治与许多领域的问题都有关系，或者说，许多领域的问题都有政治意味"❸。所以，我们可以知道，在教育领域中并不是说就不包括政治的问题了，有很多政治意义的问题存在于这一领域当中。

马克思主义实践哲学思想和皮埃尔·布迪厄的实践逻辑理论提供了基本的框架，使新时代高校文化育人的实践逻辑有了更有力的支撑。新时代高校文化育人，是政治工作在教育的领域的延伸，也是教育事业对国家发展的适应。教育政治学聚焦政治、经济、文化等各个领域，"教育政治学的任务是促进人的政治社会化，使人与一定的社会政治相适应，保证社会的政治稳定和发展"❹。所以，新时代的高校文化育人逻辑从教育政治学的角度来进行研究是非常合理的，并且能够对其中的逻辑元素进行准确解读。

❶ ［法国］皮埃尔·布迪厄.实践感［M］.南京：译林出版社，2012.
❷ 马凤岐.教育政治学［M］.北京：人民教育出版社，2002.
❸ 马凤岐.教育政治学［M］.北京：人民教育出版社，2002.
❹ 成有信.教育政治学［M］.南京：江苏教育出版社，2000.

二、新时代高校文化育人的基本逻辑

由于内在蕴含逻辑力量，文化育人目标达成才能诉诸有效实践，新时代高校文化育人才能有效实践。文化、政治、教育是高校文化育人体系形成和发展的过程中支撑其运行的逻辑元素。也就是说，新时代高校文化育人是一个育人体系，以政治为引领、文化为内容、教育为载体。

（一）文化为内容

育人文化所蕴含的"文化内核"是文化育人最重要的方面，说的就是价值观对人的影响作用。自改革开放以来，由于文化对人的育化作用，无论是我国高校环境中最初开展的"校园文化"活动，还是新时代条件下形成的高校"文化育人"体系，抑或是不断发展的"文化教育"政策，均以之为源头产生了最基本理念。育人政策的制定是基于文化和其所具有的功能，在新时代高校文化育人实践中，文化发挥其功能，通过特定的内容塑造人、培养人。

在高校场域"文化属性是大学永恒的特征不变量"❶。社会希望高校可以进行文化教育，而高校确实可以通过文化建设促进社会主义先进文化的繁荣，大学本身就具有承载文化的功能，将社会主义核心价值观与高校文化育人相结合，在新时代的浪潮中，大学生的思想道德素质也得以提升。

（二）政治为引领

在高校文化育人实践最初进行的过程中，政治力量并不明显，但是随着高校文化逐渐的繁荣，党和政府开始重视政治力量对高校文化的渗透和影响。

在文化育人不断的发展中，初步形成了"校园文化"建设理论和校园文化教育制度，政治力量可以更好地参与进来。具体来说，就是马克思主义等主流思想

---

❶ 眭依凡. 大学文化理性与文化育人之责［J］. 中国高等教育，2012（12）：6.

开始大力地引导高校文化的建设，国家通过制定一系列校园文化政策使自身成为主导者，实现高校"文化育人"。

经过一段时间的发展，高校文化育人中政治要素已经处于"引领"的地位，能够对该体系的大体方向进行把握，其引领作用主要体现在以下几个方面。首先，国家非常重视高校文化育人，将高校文化育人具体化，支持并指导了各高校构建文化育人体系，从而使高校文化育人工作发展得更加体系化。其次，党和国家积极引导和选取高校文化育人内容，在文化内容中将政治价值有机融合进来。

（三）教育为载体

有学者认为"文化育人内含着文明的教育化和教育的文明化两个维度"❶，这是从文化和教育两个方面进行考虑，从哲学层面对文化育人效果进行思考，从文化育人体系的运行过程来看，这种观点是有一定合理性的。在论证教育文化学的合法性时，刁培萼在《教育文化学》一书提出了两个观点：一是"科学·文化·人生·教育四位一体"是教育文化学产生背后蕴藏的整体教育模式；二是顺应"经济·政治·文化·教育协调发展"的结果使教育文化学产生❷。这是从改革整体观出发评说教育，所以整体建构中的有机部分就包括了文化与教育的结合。因此，运行新时代高校文化育人体系的过程中，我们需要认可，在教育领域中，文化育人具有其自身的"价值理性"意义。

从总体上来看我国高校文化育人政策的演变，我们会发现，教育更多的是作为一种载体。通过教育来实现文化的传播，通过具体的方法，认可教育的"价值理性"意义的同时，强调政治力量的发挥，教育还被赋予了"工具理性"的意义，教育在这三种逻辑元素中"载体"职能十分突出。通过文化育人的各种活动，也能够表现出教育的"载体"职责。

---

❶ 李建国.文化育人的哲学省思［J］.高等教育研究，2014（4）：8.
❷ 刁培萼.教育文化学［M］.南京：江苏教育出版社，2000.

综上所述，新时代高校文化育人是一个实践运行体系，以政治为主导、文化为内容、教育为载体。形成这种逻辑结构并不是一步就成功的，伴随高校教育政策演变，这是一个逐步构建的过程。

第二节　文化育人的理论基础

"文化育人"，从字面看，就是关于"文化""教育"和"人"这三个领域的概念，是思想政治教育的理念，也是其手段和过程。"文化育人"有着多重内涵和广泛的理论基础，关于其理论基础，主要包括马克思恩格斯的思想理论、列宁的思想理论、思想政治教育相关理论，以及一些可以借鉴的其他思想理论，等等。

一、马克思、恩格斯关于文化的思想

马克思、恩格斯关注思想政治教育的根本宗旨，即人自由全面发展。马克思、恩格斯认为，文化与人之间关系紧密，人的本质性存在是文化，人的精神动力推动文化发展，人的解放与文化发展相辅相成。虽然他们没有对"文化育人"进行过专门阐述，但他们很多方面的思想理论都是文化育人的重要理论基础，如关于人的解放、人的精神动力、文化育人等等。

（一）文化是人的本质性存在

马克思、恩格斯对文化有着准确的把握和理解。在他们的理论文本中，从多重角度解读和使用了"文化"这一概念。从狭义的层面来讲，他们认为"文化"具有非物质性，是具有精神性质的，是基于经济基础的纯粹的精神意识形态。他们认为在对生产变革进行考察时，要对"意识形态的形式"进行考察❶。广义的

---

❶　马克思恩格斯选集（第2卷）［M］.北京：人民出版社，2012.

"文化"就是指文明形态，马克思批判空想社会主义和共产主义的做法，认为这么做是"对整个文化和文明的世界的抽象否定"❶，恩格斯指出文化的进步就是自由的进步 ❷。在他们看来，文明属于人类社会，人类的生存方式和内容中包含着文明，二者是一个统一体，不仅精神因素会影响文明，物质因素和制度因素都会对文明造成影响。但是文化的概念无论是狭义还是广义，都是指在人类文明发展进程中的自觉的、理性的文化，这种文化来自人的对象化活动之中，在人类的历史活动和现实活动中均有所展现。在他们看来，文化和人是分不开的，人是文化的主体，"自然的人化"和"人化的自然"都是在人类实践活动的前提下进行的，文化是对人的本质力量的对象化。

马克思、恩格斯从实践观和唯物历史观的立场出发，对人的本质进行了揭示，人是有创造性的，人是文化的主体，下面将从三个方面对"文化是人的本质存在"这一观点进行阐述。

1. 人的本质在于人的类特性，在于主体实践性

马克思指出"一个种的整体特性、种的类特性就在于生命活动的性质，而自由的有意识的活动恰恰就是人的类特性"❸，人的"类本质"通过"劳动"来体现，证明人是有意识的类存在物。他认为："人的真正本质在于劳动，在于劳动活动、实践活动这些物质的感性活动。"❹"（人的）全部社会生活在本质上是实践的。"❺"人应该在实践中证明自己的思维的真理性。"❻在他看来，实践就是检验真理的标准，人的本质就在于社会实践。

---

❶　马克思恩格斯文集（第 3 卷）［M］.北京：人民出版社，2009.
❷　中共中央党校马克思主义理论教研部，中国马克思主义研究基金会.马克思主义关于人的学说［M］.北京：人民出版社，2011.
❸　马克思恩格斯全集（第 3 卷）［M］.北京：人民出版社，2012.
❹　肖前.历史唯物主义原理（修订本）［M］.北京：人民出版社，1991.
❺　马克思恩格斯选集（第 3 卷）［M］.北京：人民出版社，2012.
❻　马克思恩格斯选集（第 3 卷）［M］.北京：人民出版社，2012.

2. 人的本质在于人的社会性，在于现实性

马克思着眼现实，思考社会关系，揭示人的根本属性是其社会属性，一切社会关系的总和就是人的本质。他认为："人就是人的世界，就是国家，社会"❶；人的本质不是人的"肉体的本性，而是人的社会特质"❷；从前的一切唯物主义的主要缺点是不把人"当作感性的人的活动，当作实践去理解"❸。马克思认为，要从人的社会特质进行理解，从现实出发，考虑其存在和发展，揭示人的现实性的内涵。人是存在于现实中的，人在现实中进行生活就是人的存在。人的本质是在特定的社会发展条件下，在特定的环境中产生和形成的，人的本质不是永恒不变的抽象物。

3. 人的深层本质在于主体的自由自觉，在于主体性的不断发展完善

马克思肯定了人作为主体存在的"人本身"，"人的根本就是人本身"就体现了人的现实性，"人是人的最高本质"❹体现了人的主体性。马克思在博士论文中就对个体自由进行了阐述，充满偶然性的感性的生活就是人的自由存在的根据。在分析资本主义异化劳动时，马克思提出人们只有能够支配自己的生存条件之后才能拥有自由，"劳动对工人来说是外在的东西"而"不是自由地发挥自己的体力和智力"❺。"生产者只有占有生产资料之后才能获得自由。"❻共产主义是一个自由人的联合体，在这个联合体当中"各个人在自己的联合中并通过这种联合获取自己的自由"❼。

❶ 马克思恩格斯选集（第 1 卷）[M].北京：人民出版社，2012.
❷ 人学思潮前沿问题研究［M].北京：社会科学文献出版社，2010.
❸ 马克思恩格斯选集（第 1 卷）[M].北京：人民出版社，2012.
❹ 马克思恩格斯选集（第 1 卷）[M].北京：人民出版社，2012.
❺ 马克思恩格斯选集（第 1 卷）[M].北京：人民出版社，2012.
❻ 马克思恩格斯选集（第 3 卷）[M].北京：人民出版社，2012.
❼ 马克思恩格斯选集（第 1 卷）[M].北京：人民出版社，2009.

在关于文化与人的本质的理论中，马克思恩格斯对文化是人的本质性存在、人创造文化、文化也塑造人等观点进行了深刻的揭示。人创造文化并为文化提供动力，人的发展就是文化的发展，文化发展就是人的发展，文化育人是十分必要的，文化塑造人，为人的发展提供动力，这就使文化育人本身就是具有可能性的。从这个角度来讲，人的本质性存在的思想是文化，文化使文化育人拥有其内在的理论基础。

（二）人的解放与文化发展相辅相成

马克思的崇高理想是人的解放，这也是他毕生追求的目标，人的解放就成为马克思主义理论的根本宗旨。在马克思看来，人要想获得解放、获得自由，就离不开社会的发展。人类自身发展的理想状态是人全面而自由地发展，这是人"解放"的最高境界，也是社会历史进步的必然趋势。从文化发展意义上讲，人的解放也就是人的文化主体性的发展，人的文化实践能力、社会关系、文化个性的发展是人文化主体性发展的集中体现，对人、对物的依赖关系也是人文化主体性发展的体现。

马克思认为，人的解放主要包括三方面，分别是人的个性、劳动实践能力和社会关系。其中在人的劳动实践能力的解放中最重要的就是体力的整体性解放和智力的整体性解放。人在"生产某种使用价值"时所能"运用的体力和智力的总和"❶，这是他在《资本论》中对劳动能力的理解。在马克思看来，要想实现全面解放，劳动者必须对不同的劳动要求都能适应，将智力劳动和体力劳动集于一身。同时，人的社会关系的发展也"决定着一个人能够发展到什么程度"❷。所以说，解放社会关系必须有人的积极参与，并且建立起丰富全面的社会关系。社会关系和人的劳动能力解放了，人的个性才有了解放的前提和基础。人的个性可以

---

❶　马克思恩格斯全集（第23卷）[M].北京：人民出版社，1972.

❷　马克思恩格斯全集（第3卷）[M].北京：人民出版社，1960.

体现出人的本质，马克思认为我们要对人性表示尊重，要创造条件使人的个性能够得到全面发展。

马克思在强调关于人的解放理论的相关问题中提出人的全面自由地发展是人类解放的根本任务和最终目标。社会历史发展和人的发展是相统一的，人要实现全面自由发展就要遵循文化育人的根本宗旨和以现实的社会文化发展条件为基础，只有在这种前提下，人才能够取得解放和发展，马克思关于人的解放的理论为文化育人提供了理论依据。

（三）人的精神动力推动文化发展

人积极地进行实践受到精神动力的影响，马克思对于精神动力的内涵表述最早是在《〈黑格尔法哲学批判〉导言》中："理论一经掌握群众，就会变成物质力量。"❶ 这就表明了精神力量可以成为物质来推动人民群众的实践活动，"肉体要素以外的发明和思想这一精神要素。"❷ 是马克思认为在劳动中不可缺少的，同时他还认为劳动包括了资本。

通过分析马克思恩格斯的观点，我们可以知道人的本质力量的重要体现是精神动力，文化是人的本质性存在，人的一切社会实践本质上都是文化实践。人的精神动力不仅在推动社会生产的发展，同时也在推动文化的发展，文化如果失去了精神动力的支撑，那么就像鱼离开了水、树失去了根。从根本上来讲，人的自觉能动性、人的精神需要和主体性是人的精神动力的主要来源。

1. 自觉能动性

自觉能动性就是人主体性的动力之源，正是因为这个特性，人的意识、目的和动机才能综合体现出来。意识是人和动物得以区分的特点，意识是人脑对意

---

❶ 马克思恩格斯选集（第1卷）[M]．北京：人民出版社，2012．
❷ 马克思恩格斯全集（第1卷）[M]．北京：人民出版社，1956．

识的客观反映。"自由地有意识地活动"❶是人类的特性，意识反映了客观存在的事物及其规律。恩格斯说："人离开狭义的动物越远，就越是有意识地自己创造自己的历史。"❷伴随着人类不断地发展，人类活动就拥有越来越强的意识性与自觉性。

动机可以通过人们的需要反映出来，同时推动人们实践活动的进行。马克思指出："消费也创造出新的生产的需要，在观念上提出生产的对象，把它作为内心的图像，作为需要、动力和目的提出来。"❸马克思认为，动机就是人们的客观需要，是人们需要和行为的中介，也是将需要转化为实践活动的桥梁。

2. 人的主体性

人具有主体性，是社会与历史的主体、是自然的主体、是实践的主体。马克思指出，人可以作为主体来改造自然，那么在这个过程中也可以作为客体来被改造。"人的能动和人的受动""人作为对象性的感性的存在物，是一个受动的存在物"❹由此我们可以得出人是主体和客体的统一这一结论。

马克思认为人是实践活动的主体，实践活动是人的对象性活动。要想正确地理解实践活动，就要充分地认识到实践活动是人的对象性活动，这样主体人才能正确把握实践客体。马克思认为，从前的一切唯物主义都没有把对象、现实、感性"当作感性的人的活动，当作实践去理解"，都没有"从主体方面去理解"❺"生产不仅为主体生产对象，而且也为对象生产主体"❻。他认为实践连接主体和客体，通过实践活动，主体才能对客体进行改造活动，人的活动才会对象化，使主体客

❶ 马克思主义人学概论［M］.合肥：安徽大学出版社，2009.
❷ 马克思恩格斯文集（第9卷）［M］.北京：人民出版社，2009.
❸ 贾志红.马克思总体生产思想研究［M］.北京：人民出版社，2012.
❹ 马克思恩格斯全集（第42卷）［M］.北京：人民出版社，1979.
❺ 马克思恩格斯选集（第1卷）［M］.北京：人民出版社，1995.
❻ 马克思恩格斯选集（第2卷）［M］.北京：人民出版社，1995.

体化，使客体成为真正意义上的客体。

3. 人的精神需要

人的精神需要促进社会的发展。马克思恩格斯指出，人的需要包含很多方面，通过这些方面的需要，人的社会本质才能得以体现，并且人"以其需要的无限性和广泛性区别于其他一切动物"❶。从生产和需要的角度来看，人不仅有物质需要，还有精神需要，这是人与动物的根本区别。人的精神需要产生在满足物质需要的社会生产实践过程中，是社会发展的产物。

关于人的精神动力理论，马克思、恩格斯强调人的本质力量的重要体现是精神动力。人的精神动力主要体现在三个方面，分别是自觉能动性、人的主体性和精神需要。人的主体性的动力之源就是人的自觉能动性，人的一切活动都是有动机、有意识、有目的的活动。文化育人活动也是如此，它追求的是对人进行塑造、教化，促进人的全面发展。人成为社会的主体、历史发展的主体、自然的主体，以及一切社会实践活动的主体，这充分体现了人的主体性。这充分说明，文化育人活动的主体也是人。人在发展进步、社会交往和自我完善过程中产生的需要就是精神需要，精神需要为人精神发展提供了内在动力，并且起到了促进作用。文化育人的基本使命是，使人的精神发展需要得到满足。在文化育人中，我们从受教育者的角度来看，促使人向文而化的力量之源就是人的精神动力，实现文化育人价值的重要基础也是人的精神动力。从这个方面来看，文化育人中"人向文而化"的重要理论依据就是人的精神动力理论。

二、列宁的灌输理论

马克思主义理论的重要内容包括灌输理论。在《国际工人协会成立宣言》中，马克思提出，工人阶级成功的一个因素就是人数众多，但只有将他们组织起

---

❶ 马克思恩格斯全集（第49卷）[M].北京：人民出版社，1982.

来，并对他们进行知识指导，"人数众多才能起决定胜负的作用"❶。他不仅对组织工人进行了强调，还强调了要对工人给予知识指导，即进行理论灌输，马克思最早提出了"灌输"的思想。他在《哥达纲领批判》中指出："他们一方面企图把那些……作为教条重新强加于我们党，另一方面又……来歪曲那些花费了很大力量才灌输给党而现在已在党内扎了根的现实主义观点。"❷马克思对灌输是进行社会主义思想教育的方式进行了揭示。

列宁最早全面、系统地阐述了马克思的灌输思想，并进行丰富发展，上升为灌输理论。灌输理论是无产阶级政党坚持输送科学社会主义思想的学说，其目的是提高无产阶级和人民群众的政治意识和阶级觉悟，为确立马克思主义思想理论教育原则、作用、地位、方针、任务和内容提供了直接理论依据。经过中外无产阶级革命实践，证明了灌输理论发挥了重要的作用，用马克思主义思想武装工人阶级，使广大群众意志得到统一，推进了革命和建设事业的进程。经济全球化的到来，使得世界形势风云变幻，东西方文化相互激荡，各种社会思潮异常活跃。在这种社会大背景下，高校必须坚持灌输理论，用中国特色社会主义文化立德树人，继承灌输理论，并且不断创新，使之发扬光大。

（一）灌输理论的科学内涵及核心要义

列宁最早对灌输理论进行了全面系统的阐述。列宁早在 1894 年就提出工人运动中必须灌输马克思主义革命理论的观点，他先后用各种表述来强调灌输，如"必须向工人十分详细地指明""必须使工作阶级明了""使工人阶级记住"❸"向他们说明"❹等。1900 年，在《我们运动的迫切任务》中，列宁党的"灌输"任

---

❶ 刘沧山. 中外高校思想教育研究［M］. 北京：人民出版社，2008.
❷ 马克思恩格斯选集（第 3 卷）［M］. 北京：人民出版社，2012.
❸ 列宁选集（第 1 卷）［M］. 北京：人民出版社，2012.
❹ 列宁选集（第 1 卷）［M］. 北京：人民出版社，2012.

务进行了进一步的明确，即"把社会主义思想和政治自觉性灌输到无产阶级群众中去，组织一个和自发工人运动有紧密联系的革命政党"❶。1902 年，列宁在对考茨基关于社会主义意识是"从外面灌输"，而不是从"斗争中自发产生"❷ 的观点进行深入思考和研究的基础上，针对当时俄国社会思潮的现实，发表了《怎么办？》，对灌输主体与客体的客观实际进行了深刻的分析，将灌输的理论要义进一步阐明，并在思想政治工作领域引入了灌输理论。灌输理论的科学内涵及核心要义主要包括以下四个方面。

1. 进行科学社会主义理论武装具有极端重要性

列宁提出"没有革命的理论，就不会有革命的运动"❸ "只有以先进理论为指南的党，才能实现先进战士的作用"❹。这对理论武装对社会主义革命事业的重要性进行了阐述，强调工人阶级先锋队必须要用科学社会主义理论进行武装，要把社会主义"传布到工人群众中去"，把它"当作科学看待""去研究它"❺。

2. 工人运动中不可能自发地产生社会主义的思想体系

工人阶级不具备建立社会主义理论、研究社会问题、总结革命经验的条件，这是由他们的生活状况和文化水平决定的。所以，工人运动中不可能自发产生社会主义思想理论，只能由社会主义知识分子产生，在他们思想发展的过程中逐步形成。列宁明确指出："工人本来也不可能有社会民主主义的意识。"❻ 社会主义学说是"从有产阶级的有教养的人即知识分子创造的哲学理论、历史理论和经济理

❶ 列宁选集（第 1 卷）[M].北京：人民出版社，2012.
❷ 列宁选集（第 1 卷）[M].北京：人民出版社，2012.
❸ 列宁选集（第 1 卷）[M].北京：人民出版社，2012.
❹ 列宁选集（第 1 卷）[M].北京：人民出版社，2012.
❺ 列宁选集（第 1 卷）[M].北京：人民出版社，2012.
❻ 列宁选集（第 1 卷）[M].北京：人民出版社，2012.

论中发展起来的"❶。

3. 无产阶级的科学社会主义思想只能从外面灌输

群众运动离不开科学社会主义理论的指导，列宁指出"群众的自发高潮愈增长，运动愈扩大，对于社会民主政党在理论工作、政治工作和组织工作方面表现巨大的自觉性的要求也就愈无比迅速地增长起来"❷，但工人运动中无法自发产生这个理论，那就必须从外面灌输。"对社会主义思想体系的任何轻视和任何脱离，都意味着资产阶级思想体系的加强"❸，无产阶级政党必须对这一点提起高度重视。

（二）灌输理论在教育中的作用

中国共产党历届中央领导人都对灌输理论的应用非常重视。作为马克思主义政党，我们必须始终坚持以马克思主义为指导，与时俱进，充分发挥灌输理论的作用。灌输理论无论是在革命战争年代，还是在和平建设时期，无论是在马克思主义中国化过程中，还是在党的思想政治教育工作中都发挥了非常重要的作用。马克思主义中国化过程中的一系列重大理论成果，都是通过对各种思想政治教育方法的运用灌输到全党和人民群众中去的。虽然多以"教化""引导""武装"等词语进行表达，"灌输"这个词并不常用，但实际上运用的都是灌输理论和灌输方法。

当今国际国内环境越来越复杂，人们的价值观念也越来越多元，广大干部和人民群众不会自然而然掌握马克思列宁主义、毛泽东思想、邓小平理论、"三个代表"重要思想、科学发展观和习近平新时代中国特色社会主义思想等科学理论，灌输理论的应用价值就由此凸显出来。

---

❶ 列宁选集（第 1 卷）［M］. 北京：人民出版社，2012.
❷ 列宁选集（第 1 卷）［M］. 北京：人民出版社，2012.
❸ 列宁选集（第 1 卷）［M］. 北京：人民出版社，2012.

1. 促进人的全面发展需要灌输理论

人的全面发展是"社会主义社会的本质要求"❶，是人的主体发展需要，也是思想政治教育的终极价值追求。人的全面发展包括很多方面，如健全的个性人格、理性的文化自觉、良好的艺术鉴赏力、高尚的思想品德等，是人各个方面综合素质的提升，并且人的全面发展过程，是在满足个人主体发展需要和社会发展需要的基础上，对各类思想理论知识进行汲取、对各种实践技能进行学习掌握的过程。如果仅凭个人主观努力，是不能实现的，需要有外界的教育指导，即需要理论灌输。而思想政治教育强调育人要通过社会主义先进文化，其价值就是"合乎主体全面发展（尤其是思想品德形成和发展）和人类社会进步（尤其是精神文明的进步）的目的而呈现出的一种肯定的意义关系"❷。通过各种教育方法手段，立足于人的全面发展和社会进步，使理论灌输的作用得到充分发挥。

2. 中国特色社会主义现代化建设需要灌输理论

灌输是一种重要手段，能够使统治阶级建立国家主导意识形态、维护其统治，是对阶级统治的基本规律的体现。灌输作为一种社会历史现象，古今中外社会发展的各个阶段和各种社会形态都有其身影。所以，虽然中国在和平崛起，但是我们绝对不能在坚持和加强社会主义思想理论灌输方面有所松懈。

中国特色社会主义建设的内在要求包括理论灌输。中国作为一个经济文化相对落后的农业大国，要摆脱贫穷、要建设社会主义事业，必须要在科学理论的指导下。马克思主义与中国社会主义革命和建设相结合产生了一系列中国特色社会主义理论成果，这些理论成果不可能由广大人民群众在实践中自发产生，必须通过思想政治教育的渠道，由无产阶级政党和广大教育工作者，在广大人民群众中

❶ 乔翔.马克思人的解放思想研究［M］.北京：中国社会科学出版社，2012.
❷ 李然.思想政治教育价值实现问题研究［D］.北京：北京矿业大学，2012.

灌输中国特色的社会主义理论。

综上所述，灌输不仅是一种教育原则，也是一种教育方式方法。灌输理论是马克思主义理论的一个重要组成部分，也具有与时俱进的理论品质。在当代思想政治教育中，要想取得良好的育人效果，就要使灌输的作用得到充分发挥，不仅要坚持灌输的教育原则，还要根据形势变化和时代发展，对灌输的方式、载体、路径等不断地进行创新，让"灌输"的隐蔽性、灵活性、价值渗透性得到加强，使之更富有感染力和吸引力。文化育人实际上就是以显性灌输作为基础，运用文化的载体进行隐性的灌输，使育人拥有更丰富的载体和更灵活的方法。从这个角度上来讲，灌输理论是文化育人的科学理论依据，它也需要通过文化育人对其方式方法进行创新、丰富和发展。

三、思想政治教育理论中的育人思想

思想政治教育的一种重要手段就是文化育人，文化育人的基础必须是思想政治相关理论。从育人的方式上看，文化育人通过隐性的方式育人，运用文化环境对人进行熏陶、濡染；从育人的文化载体上看，文化育人是运用社会主义先进文化育人。文化育人的理论基础包括思想政治教育环境论、隐性思想政治教育论、先进文化论。

（一）先进文化理论中的育人思想

文化具有历史进步性和发展的方向性，有先进的，也有落后的。评判文化先进与否，主要是"看这种文化是否站在时代的前列，是否符合历史发展的潮流"。"凡是站在时代前列、符合历史潮流的文化，就是先进文化"❶。文化作为一个历史范畴，符合社会发展需要，先进文化在每一个社会发展时代都有。自我们党诞生

---

❶ 沈壮海．思想政治教育的文化视野［M］．北京：人民出版社，2005.

以来，党在社会主义事业的发展实践中，高举马克思主义伟大旗帜，使中国特色社会主义文化得以形成。其哲学基础是马克思主义理论中的辩证唯物主义和历史唯物主义，是当代中国的先进文化。

意识形态性也是社会主义先进文化所具有的特征。"在一个相对稳定的阶级社会中意识形态是一元化的，只有一种意识形态在文化体系中居于核心地位、发挥核心作用。"❶ 以马克思主义为指导的中国特色社会主义文化是面向未来、面向世界、面向现代化的先进文化，它是民族的、科学的、大众的，它吸收了世界先进文化成果，对中华民族优秀文化传统进行了继承，并在此基础上形成了先进文化，它具有开放性、继承性、民族性、包容性、阶级性，是这些特征的多重统一。中国特色社会主义先进文化以马克思主义意识形态为核心，与社会主义本质有着内在的联系，与人的全面发展也有着内在的联系。

1. 社会主义先进文化是社会主义本质的体现

社会主义的基本构成要素和"社会主义优越性的重要体现"都包括先进文化❷。社会主义建设的重要目标就是发展社会主义先进文化。社会主义先进文化发展过程的实质，就是中国特色社会主义建设的过程。

社会主义先进文化有利于弘扬民族精神，促进民族凝聚力的形成，促进国民经济发展，促进社会全面进步，并提供精神动力。加强社会主义先进文化建设，有利于增强国家和民族的竞争力，为中国共产党执政打下了坚实的精神基础。从这个方面来讲，中国特色社会主义建设的内在要求包括发展社会主义先进文化。

2. 发展社会主义先进文化与促进人的全面发展是辩证统一的历史过程

就人的全面发展而言，社会进步的表征和先进文化价值的集中体现就表现在

❶ 叶启绩. 当代中国社会主义意识形态与文化和谐发展研究［M］. 北京：人民出版社，2010.

❷ 李建国. 先进文化与社会主义［J］. 思想理论教育导刊，2010（10）：14–19.

人的全面发展水平上，人的全面发展水平也是对中国特色社会主义文化先进性进行具体衡量的重要尺度。马克思主义理论强调只有社会生产力和生产关系高度发展，在此基础之上人才能进行全面发展。人的全面发展还需要有社会条件作为支撑，如高度发达的物质文明和精神文明。就社会主义先进文化而言，它以"进步的价值取向指导人的全面发展，以其先进性规范人们的活动并指导通往人的全面发展的实践"❶。社会主义先进文化的建设，必须要通过文化的影响力，使人的发展能够得到促进。人对全面发展的追求被社会主义先进文化建设蕴涵其中。

综上所述，社会主义本质的体现就是中国特色社会主义文化，它不仅与人的全面发展有着内在的联系，还能促进社会与人的进步和发展。文化育人是以中国特色社会主义文化育人，中国特色社会主义文化作为育人的重要文化载体，其先进程度，对文化育人的实效性有着重要的影响。

（二）思想政治教育环境理论中的育人思想

思想政治教育学原理中一个重要内容就是思想政治教育环境理论，它对环境与人、环境与思想政治教育的关系进行了揭示，提供了优化思想政治教育环境的指南。马克思关于人创造环境、环境塑造人、实践是人与环境媒介的论断，为思想政治教育环境理论奠定了实践论基础；关于社会存在决定社会意识的论断，为它奠定了唯物史论基础。

1. 思想政治教育环境的特征

从总体上来看，思想政治教育环境的特征，主要在以下三个维度中体现。从系统论的维度来看，作为一个大系统的思想政治教育环境具有"整体性与有序性的结构特征"❷。从辩证论的维度，作为对立统一体的思想政治教育环境，体现出

---

❶ 李建国.先进文化建设与人的全面发展关系辨析［J］.江苏大学学报（社会科学版），2010（5）：7-10.

❷ 彭庆红.论思想政治教育环境的特征［J］.探索，2000（1）：56-59.

多方面的统一，分别包括复杂性和可控性、整体性与局部性、稳定性与动态性、开放性和封闭性、客观性与主观性等❶。从人与环境关系的维度，思想政治教育环境有三种范畴，分别从狭义的、中义的和广义的三个范围上来看。狭义的环境具有主体的自主性、超越性特点，是指"思想政治教育对象主动建立的环境"❷；中义的环境具有有序性和可控性的特点，是指经过"教育主体选择、加工、改造和重组的环境"；广义的环境具有社会广泛性和复杂性的特征，指的是未经过"思想政治教育主客体选择、加工、改造和重组"的环境。从与其他环境区别的维度来看，思想政治教育环境凸显出一系列特点，分别是"自发性与导向性并存、渗透性与驱动性共生、直观性与感染性互动"❸等。

2. 思想政治教育环境的类型

按照不同的标准，对思想政治教育环境进行分类，可分为多种类型。如按空间维度可分为学校环境、单位环境、家庭环境、社区环境；按时间维度可分为现时环境、历史环境、未来环境；按环境范畴可分为微观环境和宏观环境；按环境构成的内容可分为物质环境和精神环境；按环境构成要素的性质可分为自然环境和社会环境；按环境的性质可分为良性环境和恶性环境；等等。总而言之，思想政治教育环境有着很多种类型。

文化育人作为一种特殊形式的思想政治教育，其支撑是思想政治教育理论。根据马克思主义的观点，我们可以知道，人创造了环境，环境也塑造人，人与思想政治教育环境之间的关系密不可分、互融互促。文化育人一个重要的条件、途径和方式就是人与环境的互融互动。思想政治教育环境由教育主体创设，以文化

❶ 宇文利.思想政治教育环境的分类与特点新探［J］.学校党建与思想教育，2003（8）：18-21.

❷ 李辉，任美慧.思想政治教育环境论：现状、问题与展望［J］.思想理论教育，2014（7）：33-38.

❸ 张耀灿，郑永廷，刘书林，等.现代思想政治教育学［M］.北京：人民出版社，2001.

为媒介,如果离开这样的环境,文化育人活动就失去了环境条件,这样就不能以文化人。如果离开文化环境的濡染和育化,文化育人活动存在的基础将会消失。从这方面来讲,对文化育人环境问题来说,思想政治教育环境理论有着重要的理论支撑作用。

四、社会学习理论中的思想借鉴

现代社会学习理论的奠基人是当代美国心理学家阿尔伯特·班杜拉。他从认知和行为联合起作用的角度对社会学习进行理解,对人的心理机能进行解释。他认为,对人更好地生存和发展起着重要作用的是,凭借观察学习以简化获得过程。同时,人对外部影响的反应并不单纯是人的自我调节过程,凭借自我生成的诱因及结果,人会对自己的行为施加某种影响。从总体上看,三因素交互决定论是班杜拉社会学习理论的基石,观察学习是其核心内容。文化育人包含文化人和人向文而化这两个角度。从人向文而化的角度看,从班杜拉的社会学习理论中,可以借鉴一些对文化育人有益的思想。

(一)主体、行为和环境交互决定思想

班杜拉指出,内部动力和环境作用的相互影响、相互作用促成行为的发生。他在分析行为的因果决定模式时,将人的主体因素如自我调节、观察学习、人的认知、使用符号等因素引入。对主体认知的强调,实际上也是在强调人们能对自己的生活进行控制,也能对影响他们行为的环境因素进行改变。但主体认知与行为、环境相互影响、相互制约,它并不是独立于行为和环境之外的自主机制。班杜拉指出:"心理的机能就是行为、人的因素和环境因素这三种决定因素之间的一种连续不断的交互作用。"❶ 他认为,人与行为、环境三者之间既相互独立,又

---

❶ [美]班杜拉.社会学习理论[M].陈欣银,李伯黍,译.北京:中国人民大学出版社,2014.

交互作用，是彼此间相互决定的理论实体，三者之间的交互作用的过程，实际上就是一个交互决定的过程。三种因素之间不会展现固定不变的交互作用模式，也不会产生完全等同的交互影响力。人的因素可能会对环境产生巨大的作用，环境因素也可能会对人的行为产生巨大的强制作用，事态发展的重要调节者既可以是人，也可以是环境。但一般情况下，这三个因素之间互生互动、相辅相成、相互依存。

三因素交互决定论是社会学习理论的理论基石，对人的心理活动机制进行了科学的分析，也为我们研究文化育人中人的因素提供了有益的思想借鉴，为研究文化育人中人与环境互动问题提供了有利的思想理论。

（二）替代、符号和自我调节思想

班杜拉指出，个体通过观察、模仿而学到别人的行为就是社会学习。人类学习的重要形式之一就是观察学习，人通过观察学会了大多数行为。"凭借观察学习以简化获得过程，对于发展和生存都是极其重要的"[1]，而在学习者的心理机能中扮演着重要角色的是那些替代的、符号的和自我调节的过程。在学习过程中扮演重要角色的是直接经验的替代，直接经验可以被观察学习替代。"几乎所有的起源于直接经验的学习现象，都可以通过观察他人的行为及其结果而替代性地产生。"[2] 在观察学习过程中，学习者进行强化学习只需通过观察他人就可以，而不必进行亲身体验来使之强化，也不用做出直接的反应。班杜拉将这种建立在替代基础上的学习模式称之为"无尝试的学习"，这种学习模式是认知性的。

---

[1] ［美］班杜拉.社会学习理论［M］.陈欣银，李伯黍，译.北京：中国人民大学出版社，2014.

[2] Bandura A.Social Foundations of Thought and Action：A Social Cognitive Theory.［R］.1986：19.

通过符号的中介，人们"不必尝试所有可能的方法就可以直接解决问题"❶。在学习过程中，使用符号是很重要的，人类具有应用符号去对付内外部各种事件的能力。正是由于人类具有这种能力，他们才得以对事件进行表征，对意识经验进行分析，进行具有远见性的行动，才能够在同他人交往时无所谓距离、时间与空间。人只有拥有应用符号的能力，而且有符号作为中介的参与，才能进行观察学习。

认知中介影响了人的行为，在学习过程中，自我调节起着非常重要的作用。"人并不单纯是对外部影响的反应者。他们选择着、组织着并转变着作用于他们的刺激物。他们会凭借自我生成的诱因及结果对他们自己的行为施加某种影响。"❷根据班杜拉的观点，人们的行为不仅受到释放着复杂信息的环境的影响，还受到可以预见的行动结果的影响。人们会根据预见的情境、行动和结果之间的关系来对自己的行为进行调节。自身因素的影响是决定人们行为的各种因素之一，人们自己改变的主要动因就是自我调节能力。

在文化育人的过程中，作为能动的主体的人会通过观察学习，使自己获得社会认知、文化价值认知。文化育人的过程实质上就是人社会化的过程。人获得文化价值认知的重要途径就是观察学习，实现文化濡染功能的前提也是观察学习。从这个角度来看，班杜拉的观察学习论对文化育人研究起着思想借鉴的作用。

---

❶ ［美］班杜拉. 社会学习理论［M］. 陈欣银，李伯黍，译. 北京：中国人民大学出版社，2014.

❷ ［美］班杜拉. 社会学习理论［M］. 陈欣银，李伯黍，译. 北京：中国人民大学出版社，2014.

第三章　新时代高校文化育人概述

本章为新时代高校文化育人概述，包含三节内容：第一节为高校文化育人的现状，第二节为高校文化育人基本要素，第三节为高校文化育人内在机制。旨在通过对高校文化育人现状、基本要素与内在机制的分析，使读者对高校文化育人做进一步了解。

第一节　高校文化育人的现状

虽然新时代的高校文化育人拥有深刻的时代依据、坚实的理论基础以及中华人民共和国成立以来探索出来的很多历史经验，但是目前我国在文化方面还是有很多挑战。西方社会的文化对我国的影响变得更加不容易让人发觉，在很多高等院校马克思主义思想"失语""失踪"的现象屡见不鲜。而这就是新时代高校文化育人所面临的复杂环境。所以，需要我们去正确地引导和管理高校的意识形态传播。除此之外，新时代下高校文化育人还有很多不足，具体来说就是文化育人的方式方法仍然落后，在人才培养方面仍然没有提升"亲和力"、仍然没有达到"活起来"的要求、仍然没有呈现出"协同效应"。与此同时，大学生还没有形成较强的文化主体性自觉性，还没有对中国特色社会主义文化建立坚定的信心，还未对"五个认同"的整体思想形成深刻的理解，还不能自觉地批判吸收外来文化，也不能自觉地传承与弘扬中国优秀的传统文化，这些现象与问题都是新时代背景下高校进行文化育人时所要面临的困难与挑战。

一、新时代高校意识形态安全的形势较为严峻

目前，大学生们更倾向于获取一些娱乐性、趣味性的知识信息，这一现象表明当前大学生对于信息是"不看真相看图像"的心理。这种心理对他们的生活学习方式产生了深刻影响。由此看来，新时代下的高校，在进行文化育人时面临着十分严峻的挑战。

（一）马克思主义在高校"失语""失踪""失声"现象时有发生

马克思主义"失语""失踪""失声"的现象在高校时常发生。在哲学社会科学工作座谈会上习近平总书记在讲话中提到，马克思主义被边缘化、空泛化、标签化，在一些学科中"失语"、教材中"失踪"、论坛上"失声"的状况必须引起高度重视❶。最近一段时间以来，党和国家十分重视高校意识形态方面的管理，不断巩固和加强马克思主义主导思想在高校中的主导地位，严格审查和把关课堂、报告、讲座、网络论坛等意识形态的审核，严格把控教材出版物的意识形态。但是，部分高校、部分教师仍然没有将这一问题重视起来，没有把工作要求落到实处，导致马克思主义思想在高校意识形态中仍然存在"失语""失踪""失声"的现象。比如个别高校教师在课堂上播放宗教视频传播宗教思想、广西的一所艺术学校在期末考试中出现了严重的题目问题，这些教师的行为不仅仅是对马克思主义在高校主导地位的挑战，更是对国家宗教政策的违背，还会严重影响大学生的思想价值观念。因此，党和国家必须严格管理与强力制止这些行为，引导高校形成纯洁的校园环境来培养时代新人，只有这样才能实现党对人才培养的教育目标。

在全媒体时代，社会思潮的传播变得更加隐蔽，当各种社会思潮与网络热点话题交织在一起时，就会有网络水军在幕后发力，让他们自己的主张在很短的时

---

❶ 习近平. 在哲学社会科学工作座谈会上的讲话［M］.北京：人民出版社，2016.

间内成为网络的热点，还可以通过操作来转移人们关注的焦点。因此，西方国家就会通过互联网来开展意识形态的渗透和攻击，从而使得主流意识形态与其他各种社会思潮相互交织、互相竞争。大学生在网络上的行为举止已经成为当今社会的一面镜子，"青年一代有理想、有本领、有担当，国家就有前途，民族就有希望" ❶。大学生是最具活力与革新意识的群体，他们正处在一个"拔节孕穗"的关键时期，其世界观、人生观和价值观的养成关系到国家的前途和民族的命运。高校要帮助青年学生"扣好人生第一粒扣子"，就必须创新网络思想政治工作的方法与手段，拿出在全媒体时代媒体融合发展背景下的"硬办法"，对大学生进行有效的引领，这不仅是创新高校思想政治教育方法的必然要求，还是高校培养出社会主义合格建设者和可靠接班人的必然要求，更是守好社会主义主流意识形态阵地的必然要求。

（二）高校网络意识形态传播引导管理的形势严峻复杂

网络意识形态传播引导形势严峻有两个方面的原因：一方面，我们对网络环境进行观察就会发现，网络上的一些话题很容易引起人们的讨论，由于网络环境的开放导致网友们任意跟帖、留言与评论，这种跟帖、留言、评论、点赞就会在网络上形成舆论导向，从而影响人们的想法与价值判断，甚至影响人们的生活行为；另一方面，时代在不断地进步与发展，我们可以发现虽然人们的物质生活水平得到快速提高，但是人们的精神文化需求还未得到满足。

网络是影响当代大学生思想政治教育的最大因素与变量。习近平总书记在全国宣传思想工作的会议中强调："我们必须科学认识网络传播规律，提高用网治网水平，使互联网这个最大变量变成事业发展的最大增量。"习近平总书记的这番讲话为高校进行思想政治教育的开展与创新指明方向，也为新时代高校文化

---

❶ 习近平.决胜全面建成小康社会夺取新时代中国特色社会主义伟大胜利——在中国共产党第十九次全国代表大会上的报告［Z］.2017.

育人提出了新的要求。同时，党在十九大报告中还指出要加强对互联网内容的建设，从而形成一个网络综合治理体系，营造出一个良好的网络空间。网络文化并不是单一无意义的，而是承载着价值观念、人文精神、生活方式的意识形态，网络文化会对学生的价值观念与思想产生影响进而会对高校的思想政治教育产生影响。所以高校要想更好地发展思想政治教育就需要深刻思考如何引导网络社会形成一个和谐健康的网络文化，如何教会大学生们正确运用网络，如何让他们去辨别哪些是好的文化哪些是坏的文化进而形成良好的思想价值观念。通过对当今时代的观察我们也可以发现高校在文化育人时如果过不了网络关，那就一定会过不了时代关，无法有效地进行文化育人。所以，网络文化作为文化的一部分，也是高校文化育人的重要组成部分。

二、新时代高校文化育人手段相对滞后

对于高校思想政治工作，习近平总书记反复强调要提升"亲和力"，创新"活起来"的方法，形成"协同效应"。虽然最近几年，教育系统始终在教育部的指导下着力于写好思想政治工作创新的奋进之笔，让高校的思想政治工作呈现出新鲜、创新的形象风貌。但是总的来说，新时代下，高校文化育人的方法与手段还是相对滞后的，因此总书记所提出的关于提升"亲和力"的期待还没有实现，"活起来"的要求也还尚未达到，"协同效应"也还尚未呈现。

（一）新时代高校文化育人尚未实现提升"亲和力"的期待

在学校思想政治理论课教师座谈会上，习近平总书记提出，思想政治理论课改革创新要不断增强思想性、理论性和亲和力、针对性。新时代高校文化育人的关键在于以情动人，而以情动人的关键在于提升"亲和力"。因此，就需要解决在文化育人理念和过程中刚性要求过多而柔性隐喻不够的问题。为了解决这一问题就需要新时代高校文化育人的手段克服刚性，突出柔性。

　　高校文化育人还没有将"围绕学生、关照学生、服务学生"的育人理念落实到位。习近平总书记指出，"思想政治工作从根本上说是做人的工作，必须围绕学生、关照学生、服务学生，不断提高学生思想水平、政治觉悟、道德品质、文化素养，让学生成为德才兼备、全面发展的人。"❶高校文化育人提升"亲和力"的前提就是要"围绕学生、关照学生、服务学生"，其实强调的就是要在思想政治教育中重视人文关怀。人文关怀首先就是要做到了解学生的需求，关心学生的诉求，这样才算是真真正正地做到了围绕学生、关照学生、服务学生。我们要充分关注青年学生的个体差异和个性化发展需要，对青年学生的脾气秉性、兴趣爱好、成长背景、生活习俗等进行深入全面的了解与研究，包容他们的缺点，激发他们的兴趣，弥补他们的短板。以人为本，其实就是强调人们在育人时手段要具有柔和性，给学生一种润物无声、水到渠道的体验与享受。"围绕学生、关照学生、服务学生"就是要求教师不仅要做到帮助学生化解思想困惑、解决实际困难，还要做到引导学生和促进学生的全面进步。思想政治教育的一条基本规律和重要经验就是将解决实际问题与引领发展相结合。而人是具体的、现实的，因此，学生在成长发展中的很多问题都是由实际生活中的问题和困难引发的，青年学生在成长发展过程中，不仅拥有对成长发展的期待和向往，还有对现实生活的困惑和迷茫。所以，要想解决问题首先必须要做到走进他们的内心，了解问题、找准问题，在一线深入、耐心、细致地回答他们的困惑，解决他们的困难和问题。在新时代下，教师要想解决学生问题，不仅要研究学生所提出的问题，还要研究学生，更要研究学生在提出问题与解决问题时的体验与感受，这样可以使教师在帮助学生解决问题时候让学生获得更多的幸福感。老师是学生的引路人，老师对于学生具有重要的作用，因此作为老师不仅要对自己的品行加强修炼，还要

　　❶　习近平在全国高校思想政治工作会议上强调：把思想政治工作贯穿教育教学全过程开创我国高等教育事业发展新局面［N］.人民日报，2016-12-09.

拥有扎实的学识和崇高的理想，更要学会用真心感染学生、用真情打动学生，从而真正地用自己崇高的人格与品行赢得学生们的喜爱，成为既让学生真心喜欢与尊敬，又让学生终身受益的"四有好老师"。"围绕学生、关照学生、服务学生"还强调运用文化氛围对学生进行熏陶，在活动中传递文化并感染学生，通过一些校园文化活动让大学生在无意之间就将优秀文化渗透在自己的血液之中，真正地让学生成为"可爱、可信、可为"的一代新人。

目前，高校文化育人的手段仍然无法满足学生接受文化熏陶的要求和特点。高校文化育人提升"亲和力"的内在要求就是要遵循学生文化接受的规律和成长的规律。我们每个人在日常生活中都处于各种环境之中，如工作环境、学习环境、交往环境、生活环境等，因此环境是人们生存和发展所必须依赖的最基本的物质载体，环境为思想政治教育提供了物质支撑。文化育人，应该以人们喜闻乐见、容易接受的形式，创造出一个特定的文化环境与氛围，让思想政治教育在特定的环境下，让人们在潜移默化中，形成特定的意识和行为，从而达到润物无声的教育效果。社会主义先进文化建设不仅可以创造人们改善生存发展环境的条件，还可以为高校育人提供文化资源，从而使高校可以在自身的文化空间中运用先进的文化培养人、塑造人，提升人的文化素养，丰富人的精神境界，提高人的道德情操。不同的成长发展阶段，需要进行不同的教育和培养。大学时期，正值人类生命的"拔节孕穗期"，这个阶段的大学生们对自己人生的梦想与对未来的憧憬十分强烈，但是他们内心的冲突与面对人生十分迷茫的现象也是十分明显的。因此，大学生们越是拥有充沛的精力就越需要给予他们精心的爱护与栽培。文化育人不再要求教师运用生硬、直线的方式向学生教授文化知识，而是要求在教育过程中，主体与客体双方能够恰当地进行互动交流，教师能够更加用心、用情地教育学生，给学生创造一个愉快舒适的教育环境，让学生在不知不觉中接受文化教育的熏陶，让学生在内心深处认同教育内容，从而实现寓教于乐。重视学生的接受心理，其实就是从根本上把学生放在了文化主体的地位，强调学生学习的主动性和自觉性，更加关注学生的"我要学"，不再强调"要我学"，从而给学生创造与提供一个良好的学习氛围，激发学生的学习欲望。这对高校来说，是提出了更高的要求，一切为了学生，一切围绕学生，真正把学生高兴不高兴、乐意不乐意、满足不满足作为高校育人的根本标准，让这个标准成为一种育人文化的价值追求。

高校文化育人手段还不能完全贴近高校以文化人实施过程的实际。贴近学生、贴近生活、贴近实际是高校文化育人提升"亲和力"的重要途径，在传统教育中，教师在传道授业中往往忽略了学生作为受教育者具有的主体特征和个性化需求，教师把教育对象作为生产线上的"毛坯"来看待，认为只需敲敲打打就可以生产出合格的产品，教育过程往往更多强调刚性和效率❶。在高校文化育人中，"文""化"分别表示的是育人的基础与手段，要想做好文化育人就要统筹考虑好"化"的途径与方式。高校中文化育人不仅需要切合学生的个性化还要切合学生的认知、心理特征以及学生的成长客观规律，运用多种多样的教学方式与手段，进行针对性的教学，让学生在潜移默化中接受文化的教育与熏陶，这不仅体现了高校文化育人的柔性，更体现了用文化人的工作要求。从根本上说高校的文化育人就是对人进行塑造的工作，因此，育人的内容、方式方法都要随着时代的变化、学生的变化来进行革新。文化育人是有规律的，在实施育人的过程中必须遵循其内在规律，"因事而化、因时而进、因势而新"，而且在面对不同的学生时，要选择不同的方法进行针对性的教育与培养，坚持一把钥匙开一把锁。习近平总书记对思想政治理论课教学提出"因地制宜、因时制宜、因材施教"的要求，这个要求不仅是对思想政治工作规律、教书育人规律和学生成长规律的科学把握和创新性表述，更是讲透了文化育人的思想本质和根本要求。因此在新时代下，在

❶ 蔡劲松.大学文化理论构建与系统设计［M］.北京：文化艺术出版社，2009.

高校文化育人的实践中必须将习近平总书记的要求领会透、贯彻好。高校文化育人是一个运动的过程，必然涉及教育的主客体矛盾和教育的内容要素、载体手段等方面的矛盾，并且这些矛盾是错综复杂交织在一起的，在不同的条件下有不同的表现。因此，要想牵住文化育人的牛鼻子，就必须抓住主要矛盾和矛盾的主要方面，这样才能"处理好局部与全局的关系、当前和长远的关系，突出教育方法途径策略等多样性的系统性、整体性、协同性，准确把握因地制宜、因时制宜、因材施教的交汇点和切入点"❶，才能抓住文化育人的要害，才能让文化育人的工作更加触及人们的灵魂，激发人们心理的共鸣。高校的文化育人还是一项系统工程。因此，我们在育人时，不仅要考虑各个环节的有效衔接，还要保证各种资源的协调统一；不仅要保证主题紧扣时代、把握时代、反映时代，还要保证能够抓住学生成长发展时期的重要时机、关键节点，并且在这些节点对学生开展有针对性的文化浸润和价值引领，真正地做到潜移默化地实现立德树人、铸魂育人的价值目标。

（二）新时代高校文化育人尚未达到"活起来"的要求

在全国高校思想政治工作会议上习近平总书记强调，高校思想政治工作要做到"活起来"就需要运用新媒体技术。新时代不仅是一个全媒体的时代，还是一个媒体融合发展的时代。然而高校文化育人是一个持续的过程，是一个用文化人的过程，因此，不管从高校文化育人的主客体地位、作用路径还是有效结果来看，我们都需要运用新媒体技术让文化育人工作"活起来"。

从目前来看，当下的文化育人方式还过于老旧，还无法触及学生的灵魂。研究发现，任何教育过程的效果都受教育者与教育对象这两个主体发挥程度的影响，高校文化育人作为一种教育过程也不例外，也受到教育主体发挥程度的影

❶　白永生，方雷.高校思想政治理论课守正创新坚持统一性和多样性相统一的理论意蕴［J］.学校党建与思想教育，2019（5）：18-21.

响。那么在文化育人方面，如果教育者没有强烈的化人意识，教育者也就不会把文化培养的对象作为教育对象放入自己的文化育人实践中。同时，如果教育者缺乏主体性，那么教育对象也就会缺乏主体性，也就是不具有领会教育内容的能力，而且教育对象不可能自觉地就形成良好的自我教育与熏陶意识。所以，我们要想达成良好的文化育人效果，就需要通过强化文化教育者与文化教育对象交流沟通的方式，来让高校文化与人才在社会发展中发挥积极而深刻的作用。要想加强两个主体之间的交流就需要我们对两个主体进行深入的研究与探索。从表现形式上来看，高校文化育人主体中的教育者与教育对象的表面特征差别不大，具体来说就是青年学生作为教育对象具有精力旺盛、好奇心强的特征，所以如果教育者在教育过程中使用陈旧的教育方式去教育学生，那必然无法满足学生的需求。所以，教育者为了满足教育对象的需求就会改进教育方式，选择一些丰富多彩的教学内容与教育方式，由此就可以发现二者之间不断地相互促进，导致二者之间的表面特征不明显。另外，从文化育人的角度来看这两个育人主体就会发现，文化育人是一个化人、人化双向影响的过程，在当今网络时代更加凸显。比如人人都可以成为文化育人的教育者，人人都可以成为文化育人的受教育者，由此也就可以看出文化育人的两个主体的表面特征是不明显的。通过探究还发现，文化顺向感染是文化育人的一个重点，因为文化顺向感染不仅可以让教育对象更好地接受文化教育，而且可以让受教育者对文化育人的内容产生共鸣。要想形成文化顺向感染就需要我们充分了解与掌握教育对象的喜好。

除了文化育人的方式还无法触及学生的灵魂外，目前高校文化育人的方式还无法发挥出育人的特点与优势。良好的文化育人应该是在受教育者无意识与不自觉的情况下就接受文化教育的熏陶与感染，这样不仅可以让受教育者感到轻松而且还可以让受教育者在心平气和的氛围中更好与更快地接受教育和知识，原先那种单纯说教填鸭的方式已经不适应当今时代的发展。那什么是潜移默化的教育方式呢，举个例子来说就是我们可以通过音乐把人带入情境之中，让人感受美感，同时还可以让人用语言对这一情境进行描绘，从而让教育者在感官上也产生刺激与兴奋，从而让人们对这一情境产生情不自禁的向往，对这一情境产生情不自禁的赏识。赏识除了是一种文化之外还是一种文化教育的重要方式，"赏识是智慧与智慧的主动碰撞，是对一种相对价值的公正认同，是对事物固有魅力的真诚认可，是惺惺相惜的情感共鸣，是发自内心地真心赞赏"❶。高校文化育人是要在现实中对学生进行教育，那么高校想要达到润物无声的育人状态就需要将社会主义核心价值观的教育像空气一样融入我们的日常生活中去。由此，我们也就可以发现将高校文化育人生活化或者在生活中进行文化育人都是润物无声的文化育人。我国著名的教育学家陶行知先生倡导的"生活教育"就是遮蔽性的教育，具体来说就是他认为生活就是教育，社会就是学校，在生活中就可以进行教育，教与学合二为一才是教育的最高境界。高校当中拥有许多独特的文化符号，我们可以对这些符号加以利用从而形成高校独特的文化标志，进而在文化育人中形成可以灵活运用的文化资源。"文化符号的内在象征特质和外在文化表征为思想政治教育提供了显性教育和隐性教育融于一体的运行方式。有利于思想政治教育在不知不觉、润物无声中影响教育对象的思想和行为，受教育者往往习焉不察。"❷高校文化育人除了用行为文化来彰显之外，还用精神文化来彰显与实现。"大学精神文化化身为一种集体的潜意识来对身处于其中的大学生发生作用，这就是文化育人润物细无声的效果。"❸在当今时代进行高校文化育人就是要通过润物无声的形式让学生在内心认同，在行动上也付诸实践，运用这种方式就因为它比直接说教更容易让人接受，让教育更加有效，可以达到一种"不言自明"的效果。在高校文

---

❶ 刘新庚.现代思想政治教育方法论［M］.北京：人民出版社，2006：199.

❷ 陆爱华，徐周双.基于文化符号的高校思想政治教育实析［J］.高等农业教育，2012（2）：26-29.

❸ 蔡劲松.大学文化理论构建与系统设计［M］.北京：文化艺术出版社，2009：98.

化育人中想要运用这种方式从而达到"不言自明"效果，就需要高校深入地探究与了解时代背景下高校学生的兴趣爱好，从而更好地把握住新时代文化育人的内在规律，进而发挥好文化育人、成人的作用。

什么是高校文化育人的效果，其实就是文化育人的对象可以对文化产生积极正确的价值判断。在日常生活中，如果一个人的文化教育是失败的，就表现为这个人的文化素质低，会做出一些不好的行为。高校文化育人是一个目的性很强的文化实践活动，它不仅隐含着在特定社会中需要什么样的人才，还体现着在特定社会中人才培养的目的。文化育人活动中的社会需要、根本目的与文化育人的结果之间，存在着满足与被满足、实现与被实现的深刻的关系，然而这种关系是如何体现和表征出来的，其实主要就是通过高校文化育人的结果与教育主客体之间的价值关系以及文化育人的结果与文化育人活动持续进行之间的价值关系体现和表征出来。高校文化育人是一个螺旋式上升、波浪式前进的过程。所以，在阶段性的文化育人中育人效果是不明显的。文化育人是一个用文化熏陶人、感染人的过程，而这个过程往往是具有隐蔽性的。所以育人结果的不明显会对高校育人结果的判断与评估提出难题，同时也对高校文化育人工作提出了更高的要求。

（三）新时代高校文化育人尚未呈现"协同效应"

习近平总书记在全国高校思想政治工作会议上强调，各类课程要与思想政治理论课同向同行，形成"协同效应"。这种"协同效应"不仅要体现在高校文化育人中思政课与各类课程的协同上，还要体现在主渠道与主阵地、网上网下、专职队伍与各类队伍、学校小课堂与社会大课堂的协同等等，但是从目前的总体情况来看，新时代背景下的高校文化育人还没有呈现出"协同效应"。

高校文化育人的协同，从客观上来说是有一定难度的。而这个客观上的难度就是社会条件的复杂，也正是这个原因才导致了高校文化育人协同的难度。人的存在与发展始终扎根于社会实践这一深厚的土壤中，浸润在社会文化这一丰富的养料中。随着我国现代化的不断发展，出现了许多复杂的现象，比如一元主导下的多元文化存在、大学生的精神文化需求呈现出多样性构成、文化交流交融交锋的多层次互动以及人的文化心理非平衡性发展和非线性运行，这些都彰显了社会发展的复杂性，也凸显了高校文化育人的复杂性。正是这个文化环境系统内运行的复杂矛盾体系才决定了在高校文化育人过程中实现协同发展的难度。"先进文化与落后文化的斗争、精英文化与大众文化的共生、传统文化与现代文化的激荡、本土文化与外来文化的交织、主流文化与亚文化的渗透"❶，这些矛盾不仅主导着文化环境运行的方向，还贯穿着文化育人的始终，从而构成高校文化育人的复杂环境的系统运行体系。大学生文化行为特点及变化为育人工程的协同带来困难，大学生容易接受多样的文化影响，微信、网络直播、VR（虚拟现实技术）、网络游戏等深刻影响着大学生的学习生活。各种思潮、价值观和文化信息在网络平台交汇碰撞，多元价值观和文化思想得到充分表达，青年学生时刻处于思想文化交流交融交锋的最前线。大学生思想活跃，但容易受各种错误思想的滋扰与侵袭❷。

高校文化育人未达到协同效应还体现在高校在文化育人时没有关注到育人工作的持久特征和学生的长远发展。社会历史的源远流长决定了文化的持久性，文化是伴随着人类社会的产生与发展而产生发展的，这也是文化最显著的特征。由于文化育人关注的是对人的情感培养，所以思想政治教育也更加体现出以人为本的人文情怀，这不仅实现了文化育人过程中人化、化人的辩证统一，还实现了教

❶ 张耀灿，等.思想政治教育学前沿［M］.北京：人民出版社，2006：423.
❷ 李志如.新媒体环境下的大学生隐性思想政治教育［J］.学术探索，2017（12）：147-148.

育者与受教育者之间的情感充分交流与心灵交互，这一过程不仅强化了教育者对教育对象关怀的态度，还强化了受教育者对文化内容的内在消化和对文化价值观的外化表现。文化育人不仅要跨越传统思想政治教育的时空界限，还要将文化育人覆盖与渗透到青年学生的学习与生活的各方面。所以，文化育人涉及的面更广，文化育人的过程更持久。高校文化育人的过程本质上就是一项社会实践活动，并且还是一项有计划、有组织、有目的、持久性的社会实践活动。

三、新时代大学生文化主体性自觉不足

对党史、新中国史、改革开放史、社会主义发展史（以下简称"四史"）的学习可以更加开阔大学生的视野。通过对伟大祖国的认同、对中华民族的认同、对中华文化的认同、对中国特色社会主义道路的认同、对中国共产党的认同（以下简称"五个认同"）的整体性、内在统一性的理解与把握可以让新时代大学生爱国主义情怀更加强烈。但是从总体上来看，目前在新时代背景下的大学生还没有对中国特色社会主义自信形成广阔的视野，还没有形成牢固的爱国主义思想情感根基，还没有形成较强的对外来文化进行批判分析和传承弘扬中国优秀传统文化的自觉性。所以，目前大学生文化主体性与自觉不足的现象，也让在新时代背景下的高校文化育人面临了更大的挑战。

（一）通过"四史"学习对中国特色社会主义自信的视野还不够广阔

对"四史"的学习不只是要求全体共产党员做到，更是要求广大青年学生也要做到，并且要求广大青年学生必须把所学的专业知识与技能的提升与学习党史、新中国史、改革开放史、社会主义发展史良好地结合起来，要求广大的青年学生必须牢牢地记住我们的红色政权是从哪里来，充分地明白我们的新中国与我们美好生活的来之不易。这样才能更好地让广大青年学生传承与发展我国改革开放以来的成就和经验，并在这个成就与经验中发展中国特色社会主义。

时代新人要长期学习"四史"，树立正确的历史观。习近平总书记对青年学生提出了十分殷切的期望，要求青年学生要加强对"四史"的学习，大学生处于人生当中的青年时期，而青年时期正是人生当中的"拔尖孕穗期"和塑造坚定理想信念的黄金时期，所以让大学生对"四史"进行深刻的学习，对于促进大学生树立正确的历史观、国家观、民族观是有十分重要的作用的。时代新人应该对社会主义事业具有强烈的自信，因为这种自信对发展社会主义事业具有十分重要的作用，它不仅可以使他们做事拥有信念与信仰，还可以为社会主义事业的发展与进步提供不竭的动力。从当今世界的发展趋势来看，要想实现中民族伟大复兴就必须坚持中国特色社会主义这一社会实践活动，因为中国特色社会主义道路不仅可以凝聚整个中华民族而且还可以让整个中华民族形成与强化中华民族思想共识，从而为实现中华民族伟大复兴提供价值创造。文化自信是来自中国人民内心深处的自信，是中国人民接续奋斗最持久、最本质、最深处的力量。这种文化自信不仅打破了以西方文化为中心的价值观念的局限，而且还为人类社会发展提供了经验。所以，我们可以说文化自信可以汇聚中华民族之心，是中华民族的强大力量，可以让中国特色社会主义在世界之林中焕发出耀眼的光芒。从本质上来看，"四个自信"当中是存在联系的，我们所说的文化自信在本质上就是中国特色社会主义自信，所以也就可以说中国特色社会主义道路自信就是中国特色社会主义文化自信实践的价值体现；理论自信就是文化自信在中国特色社会主义理论构建体系中的价值的具体传递；制度自信就是文化自信在制度层面的价值表达。从世界与民族发展的历程与趋势来看，实现中华民族伟大复兴是一个漫长而又艰难的过程，但是我们坚信只要坚持中国特色社会主义道路，只要不故步自封，我们实现中华民族伟大复兴的道路就会越走越宽广，越走越光明。青年是新的一代，是民族与国家的未来。"青年是标志时代的最灵敏的晴雨表，时代的责任赋予青年，时代的光荣属于青年。"❶ 所以坚持中国特色社会主义，实现中华民族伟大复兴关键在于青年一代的思想，而青年一代的思想教育关键在于高校的思想政治教育与文化教育。因此，高校就需要在文化上对青年学生进行培育和塑造，将大学生塑造成对社会主义现代化建设和推动实现民族伟大复兴有所贡献与奉献力量的人。他们不仅要充分认同中国特色社会主义思想，同时还要对中国特色社会主义的未来充满自信与信心。因此，新时代下，高校要想文化育人，就必须要思考高校需要通过什么样的方式才能让中华民族的文化基因在青年学生的心中生根发芽，通过什么样的方式才能增强青年学生对共产主义的信念和对中国特色社会主义的信心以及对中国共产党领导的信任，通过什么样的方式让他们成为党可以依靠之人，对国家可以堪当大任的人。要深入地探索与研究怎样才能更好地用中国社会主义先进文化去塑造青年学生、感染青年学生以及引领青年学生，让青年学生在润物无声的文化感染与熏陶中充分地感受中国特色社会主义文化的魅力，让他们发自内心地理解与接受中国特色社会主义文化，并且让他们在面对多元文化冲突时，能够明辨是非对错，能够坚持对中国特色社会主义文化的信心，坚守自己民族与国家的文化价值。还要去探索和创新更好的马克思主义的文化传播方式和化人途径，从而更好地用习近平新时代中国特色社会主义思想培养青年学生并铸就青年学生的灵魂，丰富与充实青年大学生的精神世界，增强青年大学生的精神力量，并且让他们在奋斗人生的同时更好地推动中国特色社会主义事业的持续发展。以上这些都是目前新时代背景下高校想要更好地进行文化育人，必须要解决的时代课题。

育人本身就是一个长期持久的过程，所以运用对"四史"进行深刻学习的方式来培育时代新人，从而开阔青年一代学生的中国特色社会主义文化视野这个过程也必将是一个持久漫长的过程。具体来说学习"四史"就是要让学生们

❶ 习近平谈治国理政［M］.北京外文出版社，2014：167.

可以认识与把握共产党执政规律、社会主义建设与发展规律、人类社会发展规律，从而可以在更广阔的视野中增强对中国特色社会主义事业的自信。民族历史文化对于个人，对于一个民族来说是相当重要的，具体来说民族历史文化是一个人的精神灵魂、是一个国家的精神基因，倘若一个国家或者一个民族的人民不懂本民族的历史文化那将会是一个相当可怕的事情，也就意味着这个民族未来将会没有精神支柱、没有灵魂内涵。由此就可以发现，要想在当今时代坚定青年学生的文化自信，就需要在进行高校文化育人时将历史文化教育与国情教育放在突出的位置上，具体来说就是要将历史文化与当下的国情与实际相结合，让历史经验在运用时能不脱离当下国家与世界所发生的事情，不回避当下国家与世界面临的突出的问题与矛盾，从而让历史文化教育与国情教育进行良好的结合。一个国家与民族，只有懂得自己国家与民族的历史文化，才能更加懂得自己是从哪里出发；只有懂得当下世界与民族的情况，才能更加明白自己将要朝着哪个方向前进与发展。能够推动历史发展并对现代化建设有用的人应该是一个不仅懂得本民族的历史文化而且还可以科学地看待当下世界情况的人。因为，只有懂得本民族的历史文化和了解当下国家情况的人，才能在自己的成长发展中几乎不受干扰，才能沿着正确的道路更加坚定自信地走下去。在历史长河中中华民族经历过灿烂与辉煌，也遇到过坎坷与挫折，甚至还遭受过欺凌与侮辱，但是面对这些挫折与挑战，我们没有气馁也没有放弃，而是用坚强的意志与奋发的精神挺了过来，让我们能够经受住各种磨难与考验的，正是源远流长的中华文化。所以，在新时代下，高校文化育人的关键就是要传承好并且弘扬好中华优秀的传统文化，并让这些优秀的传统文化成为当代大学生的精神基因，从而推动社会的快速发展，成就当代大学生的美好人生，并且成为推动社会发展的"根"和"魂"。中国共产党的成立是漫长的人类社会发展中开天辟地的大事。中国共产党之所以能够永葆先进性并且不断壮大，就是因为它经受住了考验，并且还在于中国共产党的文化，正是因为这种文化让中国共产党获得了持久不断的、战无不胜的强大力量。因此，新时代高校在进行文化育人时，不仅仅要把党的革命文化给学生讲解清楚，还要把党的价值追求与理想信仰向学生讲解清楚，从而让党的革命文化、党的价值追求与理想信仰成为培养大学生价值观的重要源泉，更要成为塑造大学生精神品质的宝贵营养。中国共产党带领全体中国人民进行改革开放这一伟大的实践，将中国从一个落后的国家，发展为一个从站起来到富起来并走向强起来的国家，创造出了一个人类历史上惊人的奇迹。让人们在中国改革开放这条道路上走得越来越自信的原因就是我们在改革开放的实践中形成了伟大的创新精神和先进的社会文化，为我们提供了在改革开放和现代化建设中克服困难与奋勇向前的强大精神动力。新时代下的高校文化育人，就是要用改革开放以来所形成的社会先进文化和精神来培育与滋养青年大学生，让这些先进文化与精神不仅成为青年大学生们独特的精神文化标识，还要成为青年大学生们奋力实现第二个百年奋斗目标和中华民族伟大复兴中国梦的强大精神支撑。党的十八大以来，习近平总书记就特别强调，要用在改革开放实践中的那些创造出来的辉煌成就和生动事例来教育人和鼓舞人，从而增强中华文化在世界文化之林中的影响力。在社会主义新时代下，高校进行文化育人时也要重视中国成就在世界中的传播，学会用中国的成就去激励人、用中国的精神去领导人，让中国精神与成就"成为中华人民共和国的精神文明的主要支柱，为世界上一切要求革命、要求进步的人们所向往，也为世界上许多精神空虚、思想苦闷的人们所羡慕"❶。

（二）从战略和全局高度对"五个认同"的整体性理解不深

习近平总书记先后在不同场合提出并形成了"五个认同"的思想内容，并将

---

❶ 习近平. 在中国文联十大、中国作协九大开幕式上的讲话［M］.北京：人民出版社，2016：4.

之作为新时代文化认同的核心内容。在社会主义新时代的背景下，高校的文化育人不仅需要高校教育和引导学生从战略全局上深刻理解和把握"五个认同"的内在联系和一致性，而且还要求高校教育与引导学生去深刻理解和把握新时代中华民族命运共同体和人类命运共同体的价值统一性。

文化认同的层次性决定了新时代青年大学生对新时代"五个认同"的内在一致性认识不足与不深。人与动物的区别，从本质上就是体现在人有与生俱来的自我意识以及由此而产生的国家意识、民族意识和家国情怀。一个个体对国家和民族的认同是一种具有特殊文化情感的文化现象，然而这种文化情感经常在人的内心深处进行潜藏，只有在特定的情境下，才更多表现出来。因此，高校在文化育人时，只是关照当下学生这一主体的文化需求还是不全面的、存在偏颇的，必须同时关注主体生存生长的整个文化场域、文化情结与文化依附，然而对于高校来说，对这个问题进行考察的难度和挑战似乎更大。人的文化认同是有层次的，是因为人的成长经历、生活的环境以及家庭背景的不同而形成的复杂多样、具有较大弹性的认同状态。所以，不同的人在面对不同的认同对象时在认同结构上，就会处于不同的认同程度和层级。如果一个人的某种认同一旦形成，那么就会具有相对的稳定性和持久性。而所谓的文化育人其实就是让人形成文化认同，并且让人们的文化认同与教育者所设定的结构、目的和设想的文化认同接近或一致，并且让这种文化认同结构更加持久。由于当下的中国，中国和中华民族是统一的，爱国与爱社会主义是统一的，党性和人民性是统一的。所以，人们对党的认同、对国家认同、对民族认同和对社会主义的认同也是统一的。中国共产党领导全国各族人民建立中华人民共和国，不仅让中华民族在世界民族之林中树立了良好的民族形象，而且使现在的中华人民共和国走向世界舞台的中央。2014年3月，习近平总书记在十二届全国政协第二次会议上，首次提出"对伟大祖国的认同、对中华民族的认同、对中华文化的认同、对中国特色社会主义道路的认同"❶的"四个认同"命题，后来在第六次西藏工作座谈会上，又增加了"对中国共产党的认同"。这"五个认同"是习近平总书记关于新时代文化教育的重要阐述，"体现了国土是根、人民是本、文化是魂的基本理念"❷。在新时代背景下，高校进行文化育人，就必须将"五个认同"的内在一致性讲清楚，必须将文化认同与"五个认同"之间的内在联系讲透彻。

改革开放以来中国人的面貌发生了极大的改变，中国人的眼界与视野开阔了，中国人的精神世界丰富了，中国人的精神底气增强了，中国人民富了起来，人们生活的圈子和朋友圈也变得越来越大。与此同时，新时代的大学生也开始面临特殊的文化环境，而这个特殊的文化环境本身就存在着自身的局限，这也向高校进行文化育人提出了时代的问卷。在当今全球互联的时代下，人与人之间"一网天下，近在眼前"，所以，各种文化、思潮、思想都暴露在学生的眼前。面对这种情况，如果高校在文化育人时不能做到发现新的文化，将文化进行新的融合、新的创造；不能做到运用丰富的文化样式、模式、内容来吸引学生、满足学生、凝聚学生，那一定会让学生出现精神上的荒漠化和文化心理上的疏离感。当今时代也是一个社会分化矛盾凸显的时代，"这是最好的时代，也是最坏的时代"，这个时代的世界充满矛盾，"一方面，物质财富不断积累，科技进步日新月异，人类文明发展到历史最高水平。另一方面，地区冲突频发，数以百万计的民众颠沛流离，甚至不少年幼的孩子在路途中葬身大海，让我们痛心疾首。"❸其实文化的冲突和矛盾才是这些矛盾与冲动的核心。但是，中国当下的在校青年大学

❶ 习近平.在庆祝中国人民政治协商会议成立 65 周年大会上的讲话［M］.北京：人民出版社，2014：9.

❷ 何海生.习近平关于国家认同重要论述初探［J］.北方民族大学学报，2020（1）：5-13.

❸ 习近平主席在世界经济论坛 2017 年年会和方位联合国日内瓦总部时的演讲［M］.北京：人民出版社，2017：2.

生一直在和平安定的环境中生活，所以，当下的青年大学生对于这些矛盾与冲突没有直接的体验和感受。因此，高校在文化育人时更需要将中国与世界进行比较，实事求是，用道理说服学生，引导学生正确地看待中国和世界的发展，增强对中华文化的认同与自信。

但是从目前情况来看，当今新时代的学生还无法理解与把握文化认同的边际与限度。那么什么是文化认同呢？文化认同主要包含三个方面，即文化符号认同、文化身份认同以及文化价值认同。由此也就可以看出文化认同是一个复杂的认知体系。在新时代的背景下，文化认同是有一定特指的文化内涵，而且文化价值认同是有限度、有边际的。"文化认同是民族国家中的迫切问题，其外延不论从理论上还是现实上都不容许继续漫无边际地扩张。"❶ 中华民族作为一个共同体就有共同的价值追求，具体来说就是人们追求团结奋斗、人们追求繁荣发展、人们追求共同享有创造的伟大成果。"中华民族共同体是一个同心圆同心体，圆心在中华大地。"❷

第二节　高校文化育人基本要素

文化育人是一种具体的思想政治教育实践，有相对稳定的要素结构。文化育人的要素结构主要包括：育人的主体要素——教育者，育人客体要素——大学生，育人媒介要素——文化载体，育人环境要素——以先进文化为主导的文化环境。这四个要素都是"文化育人"得以发生和实现的关键性因素，每一个要素都是缺一不可的。

---

❶ 孙杰远.个体、文化、教育与国家认同［M］.北京：商务印书馆，2019：56-57.
❷ 严庆.政治认同视角中铸牢中华民族共同体意识的思考［J］.北方民族大学学报，2020（1）：14-21.

一、高校文化育人的条件要素

(一)育人主体要素——教育者

教育者是组织实施文化育人实践的主体,具体来说就是通过文化手段达到给学生思想政治教育目的的主动行动者。需要注意的是这个教育者不是单一个人,而是具有教育功能的组织或群体。本书讨论的是高校文化育人所以教育者就是指高校文化育人这一活动实践的设计者与组织者,也就是高校的老师以及在高校中从事教育教学管理的管理者。

在进行文化育人时,教育者为教育对象进行价值引导就是教育者的根本职能。也就是"以社会的要求为准绳,科学地影响教育对象,不断把教育对象的思想政治品德提升到社会需要的水平" ❶。具体来说主要体现在三个方面:第一方面就是按照育人计划,有序地组织实施育人活动;第二个方面就是采用多样的方法来充分地调动教育对象的积极性,让他们发挥出主动性;第三个方面就是坚持主导价值原则,引导教育对象的思想符合社会发展要求。因为在文化育人过程中所有教育者的根本职能就是思想政治教育,所以,在这些教育者身上都有一些共同的特点:

第一,对社会主义文化充满自信。2016 年 5 月,习近平总书记在哲学社会科学座谈会上的讲话中指出,坚定中国特色社会主义道路自信、理论自信、制度自信,根本上就是坚定文化自信,因为文化自信才是最基本、更深沉、更持久的力量。文化自信是对自己国家、民族创造的文化价值的一种认同和肯定,是根植于人内心的一种信念。中华民族要想繁荣与振兴,就必须要对社会主义文化有高度的认同和自信。社会主义文化自信生成的源头活水是教育,所以教育者就在坚定社会主义文化自信中发挥着重要的作用。由于教育者是文化自信的引领者，所以教育者自己本身就要有很高程度的文化自信，如果要给学生一杯水，那么自己就要有一桶水。也就是说教育者在引导学生树立社会主义文化自信之前，首先就是把自己一往情深地融入中华民族优秀传统文化之中，满腔热情地投身到社会主义伟大建设实践之中，让自己成为充满社会主义文化自信的人，这不仅是职业角色的要求，更是职业责任的要求。

第二，教育者具有较强的传播社会主义先进文化的自觉性。2013 年，在全国宣传思想工作的会议上习近平总书记强调要"讲好中国故事，传播好中国声音"❶，这不仅是对宣传工作者的要求，还是对教育工作者的要求。教育工作者不仅是对社会主义文化充满自信的人，更要是对传播社会主义先进文化具有高度自觉性的人，所以讲好中国故事、传播好中国声音不仅是高校教育工作者的一项重要使命，更是新时代下高校教育工作者的责任与担当。新时代下的大学生从小就成长在社会改革开放和经济全球化的时期，所以他们并没有遭受过战争的洗礼，也没有感受过社会主义建设与发展的艰难与困苦，使得当代的青年大学生们也就很难深刻地理解和把握中国文化的博大精深。因此，在进行文化育人的过程中教育者要牢记自己的使命，自觉传播社会主义的先进文化与先进精神；要主动宣传社会主义核心价值观，弘扬中华民族优秀的传统文化；主动澄清青年学生模糊的认识，不断增强青年大学生对中华民族文化的认同感。

第三，教育者在文化育人过程中具有文化价值的主导性。一所学校能不能培养出合格的社会主义现代化人才来建设社会主义"关键在教师"❷，具体地说就是教师"在思想政治教育实施过程中发挥其主导作用方面表现出来的积极属性"❸。

❶ 习近平 . 在全国宣传思想工作会议上强调胸怀大局把握大势着眼大事努力把宣传想工作做得更好［N］. 人民日报，2013–08–21（1）.

❷ 邓小平文选（第 2 卷）［M］. 人民出版社，1994.

❸ 石书臣 . 现代思想政治教育主导性研究［M］. 学林出版社，2004.

当今世界全球化程度不断加深，我国的改革开放也在不断地深化，我们在日常生活中也可以发现，社会当中的文化变得复杂丰富，开始朝着多元化的方向发展。因此在这一时代背景下，我们要想健康持续地发展中国文化，就需要我们坚持"中国文化为主导、多种文化共同发展"的方式进行文化发展。具体来说就是用社会主义先进文化作为学生发展的精神方向与动力，将"立德树人"这一根本目标落实到位。从教育者的角度来看，在文化育人的过程中，教育者是文化育人计划的设计者、组织者与实施者，所以教育者的价值观念对文化育人活动的实施具有十分重要的作用。从教育对象的角度来看，青年学生正处于价值观形成的关键时期，他们还没有形成成熟的思想观念，在文化价值认知方面还具有一定的局限性，当面对社会上一些复杂的情况时，他们很难做出正确选择和准确的判断。因此，教育者在进行文化育人时，要自始至终地体现出文化价值的主导性，要有针对性地对青年学生的身心发展水平进行教育和引导。

作为文化育人者，除了具有上述三个突出特点之外，他们还十分重视充分发挥文化的潜移默化地教化人、影响人的功能，并且将显性与隐性思想政治教育相结合。

从以上论述我们可以发现，教育者不仅是文化育人活动的发起者，还是文化育人活动的主导者，并且可以清晰地认识到如果没有教育者，那么文化育人就没有了施动者。所以，在文化育人过程中，教育者是不可或缺基本构成要素。

（二）育人客体要素——大学生

在文化育人的过程中，学生的主要任务就是接受教育者的价值引导，学习思想政治教育的内容，并将这些内容内化成可以调动自身"主体性"的因素，从而可以积极参与育人过程，展现出自身的特性，进而提高自身的文化素质水平。但是需要注意的是，在进行文化育人活动时大学生与教育者之间的地位是平等的，也就是"主体尊重客体的特点和接受教育的规律……客体尊重主体的引导"❶。在这一过程中教育者与教育对象相互影响，相互进步。

在进行高校文化育人的过程中我们就可以发现，教育对象主要就是当代大学生，而大学生所处的人生阶段正是人生的青春时期，也是正确价值观形成的关键时期。这一时期他们都具有很多鲜明的特点，主要包含以下几点：

第一，大学生具有鲜明的主体性。具体来说，大学生的主体性主要就是指在进行文化育人时，大学生可以根据自我价值判断对教育者所教的文化育人内容进行选择；可以自我控制的接受文化育人所带来的积极影响；可以将文化育人过程中的先进文化内化为对自己有积极影响的因素；可以将文化价值理论落实到具体实践上从而进一步完善自身的思想道德素质。文化育人时教育者只能对文化育人内容进行外部传递，大学生要想真正提高自己的思想道德素质就要积极地参与到文化教育过程之中，把文化育人的内容真正内化吸收，再外化到具体的生活实践上，从而让文化育人的效果在具体事物中体现出来。我们换个方向来思考，如果在进行育人活动时，教育对象不积极主动地参与到活动中，反而是被动地参与其中，那么就不会主动地将文化育人的知识内化吸收，就更不会在日常的生活实践中外显出来，从而文化育人也就不会有任何成效。因此，高校文化育人中大学生的主体性是一种"自觉能动性"，也就是"接受教育的主体性"❷。

第二，大学生具有十分强大的可塑造性。在著作《普通教育学》中其作者"科学教育之父"赫尔巴特就明确地提出了人具有"可塑性"。具体来说可塑性就是指"思想政治教育对象的思想品德是可以经由环境的影响和教育者的作用加以塑造的"❸，也就是通过教育这一方式与手段让教育对象的思想与行为符合当今时

---

❶ 刘书林，高永.思想政治教育的对象及其主客体关系［J］.思想理论教育导刊，2013（1）：97-99.

❷ 张耀灿，郑永廷，等.现代思想政治教育学［M］.北京：人民出版社，2001.

❸ 陈万柏，张耀灿.思想政治教育学原理［M］.2版.北京：高等教育出版社，2007.

代的发展要求。人的思想道德观念的形成是一个复杂的过程，是在文化环境与思想政治教育的共同作用下，在社会实践中形成的。然而可塑性强调的是"人性的生成性、交互性、可教化性和内在主动性"❶。基于此，教育者要想实施文化育人改变受教育者的思想政治观念，就要思考与观察教育对象是否具有可塑性。

正处于青年时期的大学生，心理活动异常活跃，具有很强的可塑性，情绪与意识很容易受到外界的影响。具体来看，在进行文化育人时，大学生拥有的可塑性主要包含思想文化认知的可塑性、文化价值判断与选择能力的可塑性、文化道德进行内化与外化转化能力的可塑性，以及文化道德实践能力的可塑性这四个方面的内容。

通过上述讨论，我们可以发现，要想文化育人拥有很好的效果，就必须坚持以人为本的原则，尊重大学生的成长与发展规律，充分利用青年学生的可塑性，从而不断地为大学生们提供积极的影响与帮助，进而促进大学生综合素质的不断提高与发展，适应当今时代的发展需求。

（三）育人媒介要素——文化载体

我们正处于文化大繁荣大发展的时代，文化载体因为其特有的形式开始逐渐成为思想政治教育载体的重要形态。通过研究发现，只有通过文化载体进行的思想政治教育才算是文化育人，由此也就可以了解，文化载体是文化育人过程中一个不可或缺的媒介要素，具体来说就是为文化育人的各个要素相互作用、相互影响提供平台与媒介。文化载体是"由若干要素以一定结构形式联结构成的具有某种功能的综合系统"。❷ 主要包含三个方面的内涵：

第一，文化载体要同时具备文化价值信息可以承载思想政治教育意义、可以

---

❶ 沈奕彤，邱伟波 . 赫尔巴特"可塑性"观点解读［J］. 学理论，2015（2）：114-115.
❷ 王景云 . 当代中国思想政治教育文化载体研究［D］. 哈尔滨工程大学，2011：29

在教育主体与客体之间发生传递、教育者可以运用和控制、可以引导人和教化人这四个基本条件。

第二，文化载体的形式是丰富多样的，从文化育人活动形式这个角度来看，文化载体有理论教学、实践育人、服务等方式；从实物文化载体来看，实物文化媒介有书籍、绘画、音像等，文化事业媒介有图书馆、博物馆等。

第三，文化载体这一概念只在具体的实践情况下拥有意义。比如一本书或者是一部电影，它其中蕴含着某些能够进行思想政治教育的文化价值信息，但是人们没有观看或者阅读，没有发生教育主体与客体的传递，也不能将这本书看作是一个文化载体。

从本质上来看，不管是什么文化，要想传播都需要通过文化载体这一媒介，而文化育人的本质就是进行文化传播，所以进行文化育人活动的本质就是运用文化媒介进行文化传播。"传播意义上的媒介是指传播信息符号的物质实体"❶，主要包括语言、书刊等。随着科技的发展与进步，除了这些传统媒介之外，还出现了网络多媒体文化传播媒介。总的来说，不管是哪种媒介只要符合文化载体中的那四个基本条件，都可以为人们所用，传播文化进而发展文化，发挥育人作用。

（四）育人环境要素——以先进文化为主导的文化环境

环境对人格发展的形成具有十分重要的作用，因此环境对教育也有十分重要的作用。另外，我们还发现思想政治教育的文化环境决定文化以什么样的形式存在。具体来说，文化是人类实践的产物，因此，人类社会生活是什么样的环境，文化就是什么样的环境。文化环境由"一定的价值观念、日常伦理、道德规范、行为方式、宗教信仰、审美观念及生活风俗等内容构成"❷，在人们日常生活的点

❶ 胡正荣.传播学总论［M］.北京：北京广播学院出版社，1997.
❷ 冯刚.坚守核心价值观必须发挥文化的作用［N］.光明日报，2015-11-10（14）.

滴中对人的思想观念、行为等方面产生影响。主要就是"以无形的意识、无形的观念,深刻影响着有形的存在、有形的现实,深刻作用于经济社会发展和人们生产生活"❶。

在教育环境理论方面,马克思认为"人创造环境,同样环境也创造人"❷。在文化育人方面,思想政治教育只是文化这个"大系统"中的"子系统",所以思想政治教育离不开文化环境的影响。影响人思想与行为的因素主要就是思想政治教育的文化环境,所以只有建立积极健康的文化环境,才能建立积极健康的思想政治文化环境,从而促进育人活动的有效进行。

先进文化是优秀的文化资源,在文化育人过程中具有十分重要的作用,所以,在文化育人过程中,不管是什么情况,我们都要有目的地构建以先进文化为导向的文化环境。原因主要包含两个方面:

第一,不同的文化之间具有差异性。不同的文化之间"因其自身所内蕴的知识、价值、规律和表现美等品质的含量不同以及知识的层次和概念范畴位阶的不同"❸,因此有的文化"势位"高,有的文化"势位"低。"高势位"文化的文化价值具有更强的文化影响力,所以会对"低势位"的文化产生影响,甚至造成改变。

一般情况下,"站在时代前列、合乎历史潮流……代表最广大人民群众利益的文化"❹就是先进文化,就是"高势位"文化。我国目前的先进文化发展方向就是中国特色社会主义文化。中国特色社会主义文化体现在生活的方方面面,最主要的就是体现在社会主义的核心价值观上。

第二,思想政治教育与先进文化之间的关系。具体来说就是社会主义先进文

❶ 任仲文.觉醒·使命·担当:文化自觉十八讲[M].北京:人民出版社,2011.
❷ 马克思恩格斯选集(第1卷)[M].北京:人民出版社,1972.
❸ 陈秉公.建设"高势位"的主流价值文化[J].新长征,2011(12):7-10.
❹ 沈壮海.思想政治教育的文化视野[M].北京:人民出版社,2005.

化可以为思想政治建设提供正确的价值导向，思想政治教育又可以推进文化自身的建设与发展。尤其是在当今这个社会主义发展的新时代，二者更是相互依存，相互促进。

一方面，社会主义先进文化对思想政治教育具有重要的导向性作用。社会主义先进文化就是把马克思主义作为自己思想的灵魂，指导人们去正确地认识世界、改造世界的科学的世界观和方法论，社会主义蕴含科学精神，尊重客观事实与真理，反对一切因循守旧和愚昧迷信，提倡开拓创新；不仅深刻地影响着人们的思想与生活，而且还对思想政治教育提出了正确的现实要求和导向。因此，思想政治教育就要用先进的理论武装自己，坚持马克思主义思想；就要坚持用先进的理念引领自己，不断弘扬科学精神；就要大力弘扬以人为本的教育理念，从而最大限度地发挥思想政治教育的教育功能，并且不断增强思想政治教育对人们生活的影响力渗透力。

另一方面，思想政治教育能够促进社会主义先进文化的建设与发展。思想政治教育的根本目标就是促进人的全面发展，而促进人的全面发展还是社会主义先进文化建设的应有之义。

二、高校文化育人的内容要素

新时代的高校文化育人中的优秀文化主要分为普适性优秀文化和特色性优秀文化两类。普适性优秀文化就是指可以在新时代社会中普遍适用的优秀文化，具体指中华优秀传统文化、中国革命传统文化、社会主义先进文化和国外优秀文化等，而特色性优秀文化就是指可以彰显区域性、民族性、专业性的优秀文化，包括一些地域优秀文化、校本传统文化和专业特色文化等。

（一）普适性优秀文化

中华文化源远流长，中华民族悠久的历史创造出许多璀璨的文明，经过长期的历史发展与筛选，当今留下的中华民族文化正是最为优秀与精华的一部分。这些优秀的文化不只是体现在古老的典籍中，还体现在鲜明多彩的民族精神与博大精深的治国方略中。中共中央办公厅、国务院办公厅在 2017 年 1 月 25 日印发的《关于实施中华优秀传统文化传承发展工程的意见》指出"传承发展中华优秀传统文化，就要大力弘扬讲仁爱、重民本、守诚信、崇正义、尚和合、求大同等核心思想理念；就要大力弘扬自强不息、敬业乐群、扶危济困、见义勇为、孝老爱亲等中华传统美德；就要大力弘扬有利于促进社会和谐、鼓励人们向上向善的思想文化内容"❶。从《关于实施中华优秀传统文化传承发展工程的意见》中，我们可以发现这个意见主要是从核心思想理念、中华传统美德、中华人文精神这三个方面来指导我们怎样继承与发展中华优秀传统文化。"经世济民"的责任精神，"究天人之际"的探索精神等都是将中华优秀的传统文化与当今时代相结合的具体范例。

《新民主主义论》的作者毛泽东就在书中提到"革命文化"的范畴，毛泽东认为"革命文化"就是指新民主主义的文化，新民主主义文化主要包括思想道德和科学文化教育两个组成部分，并且民族的、科学的、大众的文化是它基本的规定性。中国革命传统文化拥有很多方面，其中主要有四个方面：第一，追求真理和不怕牺牲的革命精神；第二，积极进取、勇于变革的创新精神；第三，不畏艰险和顽强拼搏的奋斗精神；第四，不为自己、专门利人的奉献精神。这些文化都是中国共产党人在追寻民族独立与民族解放的艰难探索中创造、积累出来的优秀文化。

（二）特色性优秀文化

一位著名的德国哲学家曾经说过："每一种文化都植根于她自己的土壤，各

---

❶ 中国政府网—中央人民政府门户网站 . 中共中央办公厅国务院办公厅印发《关于实施中华优秀传统文化传承发展工程的意见》.［EB/OL］.2017.

有自己的家乡和故土的观念，有自己的'风景'和'图像'，每个文化的存在都是为了把自己的特性表现在她自己的生命发展的每个细节之中。"特色性优秀文化就包括地域优秀文化。"中国优秀的传统文化就包含了多元特色的地域文化，比如三秦文化、三晋文化、燕赵文化、齐鲁文化、吴越文化、荆楚文化、巴蜀文化、西域文化、岭南文化、客家文化等。"❶

"高校文化属于亚文化，它能赋予大学生一种可以辨别的身份和属于某一群体或集体的特殊精神风貌和气质。"❷这种"特殊性"就是源于高校的校本的传统文化。校本传统文化重点在于"本"字，"本"就是"本源"，来自学校本身的意思。大学在创办和发展的过程中逐渐形成并发展的所有物质财富和精神财富的总和就是校本传统文化，主要在学校的办学理念、办学目标，学校精神和历史传统，校风校训和校徽校歌等方面体现。校本传统文化具有很强的个性特色和人文价值，这些都是基于其空间的独特性和历史的延续性体现出来的，这不仅可以激励高校精神动力的不断发展，更是高校发展竞争力的核心，并且具有陶冶、激励、塑造等诸多作用。而且校本传统文化不仅可以影响师生的三观，而且还能提升学校的知名度和美誉度从而打造特色的高校文化品牌。

专业文化的发展与繁荣是由生产力的繁荣与发展促进的。大学教育是为了满足国家和社会的需要，服务国家、面向社会的高等教育。专业是大学组织的基本构成，是大学育人的核心载体，所以大学会通过划分学科对学生进行专业化的教育，满足国家和社会的需要。不同行业会因为产生背景、发展历程、社会功能的不同，从而形成行业特色文化，而学科专业就是由行业产生，所以学科专业也必然会在专业课程中形成相应的专业文化。"专业文化指在专业长期发展的过程中积淀形成的具有专业特征和时代精神，并为其成员共同认同与遵循的思想观念、

---

❶ 宁志新. 文化传统观念与区域经济发展［N］. 光明日报，2004-12-15.
❷ 王双，李慧. 文化育人视域下的高校文化建设［J］. 中国成人教育，2017（16）：79-81.

价值取向和行为方式，是由价值观、行为规范、表意形象符号等组成精神文化系统。"❶专业建设的灵魂与核心是专业文化，所以专业建设的灵魂与核心不仅是专业建设持续发展的深层次驱动力，更是个性特色和专业价值的表现特征。学生可以在专业文化中获得专业知识、专业能力和专业精神。美国高等教育研究专家波顿·克拉克认为："在科学研究中，没有一种研究方法能解释一切，宽阔的论述必须是多学科的，高等教育研究要在各学科专家所发展的研究方法和思想的力量中找到利刃。"❷专业文化在显性与隐性上都具有无可忽视的育人功能，在某些方面还体现出文化的多样性、综合性和复杂性，并且在培养复合型创新型的现代人才方面发挥着独特的作用。

第三节　高校文化育人内在机制

文化育人自身就具有内在的运行机制，从根本上说文化育人的过程就是文化价值客体主体化的过程，实现文化价值客体主体化的过程也具有内在机制。文化育人实现文化价值客体主体化的内在机制主要有人化与化人互动机制、文化认同机制和文化内化与外化机制、感染与模仿机制。主要表现在四个方面：第一，"人化"与"化人"的双向历程中生成的结果是文化。第二，文化认同机制发生作用的结果形成个体思想。第三，文化育人强调的是自觉地将文化知识内化为个体自身的思想、情感及行动中。第四，感染与模仿相伴而生，受教育者会在经过一定文化情境感染下做出类似反应性行为。

❶　商兰芳，骆文炎.高职专业文化特色培育探析［J］.江苏高教，2016（03）：152-155.
❷　［美］伯顿·克拉克.高等教育新论——多学科的研究［M］.郑继伟，等译.杭州：浙江教育出版社，2001：2.

一、人化与化人互动机制

从文化生成的角度来看，我们可以发现，文化生成的基础就是人的实践，简单来说就是人在实践的过程中生成文化，根据自己的想法与意愿"向文而化"就是"人化"。由此我们就可以发现"向文而化"的主体是人，如果离开人将无法形成文化。具体来说，"向文而化"主要包含两个方面：第一是向外扩张，就是人们根据自己的想法，对外部世界进行改造，对外部世界进行"人化"；第二是向内完善，简单来说，就是人根据自己发展的需要，不断地对自己进行完善与提升。正如舒扬教授所言，"文化像人的血脉一样，贯穿在特定时代、特定民族、特定地域的总体性文明的各个层面中，以自发的'内在的'方式左右着人类的生存活动"❶。从这个角度来看，我们发现"人化"和"化人"都是文化生成的基础，二者缺一不可。

对文化生成的历程进行研究发现，文化的生成是一个双向的过程，具体来说就是"人化"与"化人"的历程，人在实践中创造文化，文化也不断地改变人、塑造人。这一过程主要体现在两个方面，第一方面就是"人化"，具体来说就是人创造文化，人把外部世界作为对象根据自己的意愿与想法通过实践这一手段，对外部世界造成影响，从而创造出丰富多彩的文化；第二个方面就是"化人"，具体来说就是，外部世界的文化对人造成影响，人在这些文化中提升自己。在这一过程中我们就会发现化人与人化不同，人没有创造出新的文化，但是我们换个角度来想就会发现，化人的过程对人产生影响，而人又是文化的创造者，人的提升正好为新的文化发展奠定基础。由此我们就可以发现，文化的形成就是一个相互影响的过程。

文化形成的内在机制就是"人化"和"化人"的相互影响的过程，就是"人

---

❶ 刘尚明."人化"与"化人"：当代文化生成的内在机制—读《当代文化的生成机制》［J］.广东省社会主义学院学报，2009（1）：107-108.

类文化的原初生成和当代生成的共同规律"❶。彼此之间相互交融，双向互动，永不停息地生成与发展。

文化育人就是一个化人的过程，就是一个用先进文化来影响人的过程，通过上述论述我们可以发现，在进行文化育人时，社会主义先进文化不仅可以发展人提升人，人的提升也能对社会主义先进文化的进步起到促进的作用。由此我们就可以更加明白，文化育人的过程也是一个人化与化人的双向过程，育人的价值也是在提升人的文化素养、人改造世界创造新文化的过程中实现的。

高校进行文化育人时，不仅要加强先进文化建设，让先进文化发挥出自己的先进作用，让先进文化促进人发展，而且还要加强人的发展，增强人在发展社会主义先进文化中的本质力量，促进人的全面发展，提升人对外部世界的改造水平。

二、文化认同机制

文化育人强调的就是用文来化人，也就是个体可以自觉地把文化知识内化在自身的思想、情感及行动中。在文化育人这一过程中，文化主体对文化的认同是有至关重要的作用的。认同是指个体对个体之外的社会意识的价值和意义在认知和情感上的逐渐趋同，并且个体可以形成自觉行为的一种心理倾向。认同拥有多种指向，如民族认同、国家认同、文化认同等。

其中，最深沉、最持久的力量就是文化认同，并且文化认同处于认同中最核心的地位。文化认同指的就是一种肯定的文化价值判断，是个体对一个群体、一个民族、一个国家文化身份的认同感。

"文化认同中的文化理念、思维模式和行为规范，都体现着一定的价值取向

---

❶ 刘尚明."人化"与"化人"：当代文化生成的内在机制—读《当代文化的生成机制》[J].广东省社会主义学院学报，2009（1）：107-108.

和价值观。"❶ 对于个体而言，文化认同就是个体人将文化在自身当中进行内化并形成自身文化价值观的重要前提；对于国家和民族而言，文化认同"是增强民族凝聚力的精神纽带，是民族共同体生命延续的精神基因"❷。

文化认同在"先进文化"和受教育主体之间充当着非常重要的角色，文化认同不仅是一个中转站，将文化价值由"先进文化"客体向文化主体"人"转移，而且还是实现文化价值"客体主体化"的必要条件，更是将文化进行文化育人这一功能得以实现的前提和基础。

外显认同和内隐认同是文化认同两种模式。并且二者之间存在既相对独立，又紧密联系、相互促进的关系。外显认同能够促进内隐认同的发展，内隐认同又能促进外显认同的发展。换句话说，文化在人心理进行内化过程，就是按照先从外显认同再到内隐认同的这一秩序来构建的。

文化认同机制，蕴含在个体对文化的外显认同和内隐认同的过程中。外显认同是个体对一种文化价值明确的认定与选择的态度，在个体态度转变过程中是十分关键的环节。按照社会心理学的观点来说，个体态度的转变主要分为三个阶段，分别为"服从""认同""内化"。其中，"服从"是因为外在的压力或权威而被迫表现出来的暂时的顺从。简单来说"服从"就是个体在外部压力下对"你要我怎样做"的一种形式上配合。但是这种服从只是表面上的顺从并不代表着真正认同，所以是很容易发生改变的。"服从"的进一步深化就是"认同"，它表示个体不再是被迫的接受，而是指从内心开始主动地认可和接受，在思想观念层面，个体在文化价值中对自我的价值进行判断选择，所以这时的认同还没有成为自己的行为习惯，也较易因外界影响而发生变化。但是"认同"为"内化"奠定了基础，也让"内化"拥有了发生的可能。认同的进一步深化就是"内化"，是个体

---

❶ 赵菁，张胜利，廖健太.论文化认同的实质与核心［J］.兰州学刊，2013（6）：184–189.
❷ 秦宣.关于增强中华文化认同的几点思考［J］.中国特色社会主义研究，2010（6）：18–23.

对某种文化价值经个体内化之后转化为个体相对稳定的行为、信念，并在实践中以持续一致的方式得以显现的结果。简单来说，就是个体对某种文化价值表现出相对固定的思想行为习惯。因此，我们可知"内化"是个体心理态度转变的最终体现，是个体主体性的体现。

总之，个体态度转变的过程，就是一个从"你要我怎样做"向"我要怎样做"转变的过程，是一个被动服从向主动践行转变的过程。所以，外显认同强调的是个体对社会主导文化价值观念的积极认同，可以明确并且自主地进行价值判断和选择。并且外显认同也是个体态度转变的一个至关重要的环节，不仅给个体提供了改变被动"服从"状态的心理基础，而且还为个体接下来要进行的文化"内化"提供了心理上的驱动力，并让"服从""认同""内化"这三个环节由前至后逐步深化，有效承接形成联动，从而在个体态度转变的过程中发挥至关重要的机制作用。

内隐认同是个体对外在观念影响的一种接纳方式，也是个体认知与学习文化的一种重要的方式。在大部分时候，个体是在不知不觉中对外部进行影响的，并且影响的发生具有内隐性的特点，也就是内隐认同。内隐认同指的就是个体思想观念的发展变化都是个体没有察觉的状态下进行的。一般情况下，外在观念对个体发生影响作用，个体文化价值观念的获得和养成，大部分都是通过内隐认同的方式进行的。换句话说，个体思想形成的过程就是个体对发生影响的文化之中进行内隐认同的过程。内隐认同作为个体思想形成的重要机制，不仅在个体接受外部文化的影响中发挥着重要的作用，而且对个体行为的选择也起着决定性的作用。

文化认同的重要结果就是个体对外部文化价值的选择和判断。文化认同作为个体思想形成的重要机制，是外显认同和内隐认同综合的体现。虽然说个人思想的形成以及个体对外部文化的接受，是大部分内隐认同的结果，但是外显认同在人的思想形成过程中也是不可或缺的，也是一种个体认知和学习的重要方式。所以个体对外部文化接受的过程，不是简单地运用外显认同或内隐认同就可以实现的，而是两种认同机制共同发生作用才可以实现的。从这个方面来说，无论是文化外显认同，还是内隐认同，都是个体思想形成的重要机制，都在文化育人过程中发挥着至关重要的作用。因此，在进行文化育人时要给予外显认同和内隐认同同样的重视程度。

三、文化内化与外化机制

通过研究发现，人的价值观是后天形成的，而不是人一生下来就有的，具体来说是经过内化到外化的过程形成的。文化育人就是一个对人的价值观进行改变的过程，所以进行文化育人也要进行内化到外化的过程，并且内化与外化这二者缺一不可。下面我们将从三个方面对内化与外化过程进行分析：

第一，从文化育人的本质上来看，文化育人的过程就是一个思想政治教育从主体转化到客体的过程，主要目的就是用思想政治教育人。实现这一过程的本质就是"客体作用于主体，对主体产生实际的效应，这个过程是主客体相互作用中的客体主体化过程"❶。将文化价值从"潜"变到"显"、从"客体"转化到"主体"的过程，而不是无中生有出文化价值，对人造成影响，教育人。

第二，文化育人的文化价值就是"客体主体化"的过程，但我们需要注意的是这不是简单的只将客体转化成主体的过程，而是一个文化从内化后转化到外化，然后再到高层次的内化到外化的主客体相互作用的过程。那么到底什么是文化内化？具体来说，文化内化就是在文化育人的过程中，思想政治教育的思想内容被接受教育的人所接受，并且这些思想政治教育的内容还转化成自己内心稳定的思想的过程就是文化内化。文化外化就是文化内化的发展，具体来说就是当文

---

❶　项久雨．思想政治教育价值论［M］．北京：中国社会科学出版社，2010.

化内化成自己的思想时，就会在进行实践时在自己的潜意识中做出自己所形成的思想的行为，并且还会形成自己的行为习惯。

通过以上论述我们就会发现，文化育人时，在经过文化内化与文化外化的过程之后，文化育人的思想政治观念不仅被吸收成为受教育者自己的思想，而且这个思想还驱动着受教育者去做出正确的价值判断与实践行为，真正地实现文化育人的客体到主体的转换。因此文化育人的过程不仅仅是客体到主体转化的过程，更是育人过程中受教育者思想形成和发展的过程。

第三，从文化内化与文化外化之间的关系来看，我们发现这二者之间是辩证统一的。辩证统一主要体现在以下三点：第一，二者在本质上内在统一，具体来说就是不管是文化内化还是文化外化，都是以良好的思想政治教育为内容，以实践为手段，以培育符合社会发展要求的人才为目的的过程。第二，二者之间是相互依存，互为基础和条件的。具体来说，文化内化是文化外化的基础和前提；文化外化是文化内化的发展与进步，是文化内化的外在体现。只有不断地进行文化输入，将先进文化思想内化成自己的思想，才能让文化外化有内容输出，让人不断产生新的行为，与此同时如果没有文化外化，那么文化内化也将失去存在的意义。而且文化内化的过程中还会形成新文化内化，进而再形成新的文化外化。第三，除以上两点外，二者还是相互渗透、相互贯通的关系。具体来说，文化内化的过程离不开行为实践，行为实践也离不开思想的指导与推动。所以二者之间是相互转化、相互贯通的。

第四，文化内化与文化外化是实施思想政治教育的两个重要过程与阶段。在文化内化阶段，作为教育主体的教育者会将教育内容通过教育载体传递给教育对象，然后教育对象才能将教育内容进行吸收与内化成自己的思想。从文化外化这个阶段来看，我们发现教育者需要帮助受教育者将已经内化的思想转化成外在行为习惯，因为只有这两个阶段的目的都达到时才算是达到文化育人的目的。由此，我们也就可以发现在教育过程中教育者具有十分重要的作用，如果没有教育者将文化内化与文化外化的活动进行计划、组织与实施，思想政治教育的文化价值进行内化与外化将无从谈起，也更无法实现。所以，教育者是文化内化与文化外化的重要媒介，文化外化与文化内化是文化育人的两个重要阶段。

第四章　新时代高校文化育人的教学内容

本章共分为四节，阐述了新时代高校文化教育的教学内容。第一节为传承与转化中华传统文化；第二节为发扬和铭记革命文化；第三节为宣传和坚定文化自信；第四节为坚定文化自信；锻造大学精神。

第一节　传承与转化中华传统文化

中华民族经受历史的风雨却始终屹立不倒，优秀的传统文化作为中华民族和中国人民的精神食粮，发挥着不可估量的作用。直到今天，优秀传统文化依然是指引我们前进的精神支柱，其地位也是不可撼动的。大学生作为社会未来的建设者，承担着传承传统文化的重任，对他们进行传统文化教育也是必须且急切的。

一、大学生传统文化教育的内涵

大学生传统文化教育的缺失是当前教育界一个不争的事实。如何对大学生进行传统文化教育是社会关注的重点问题。唯物主义告诉我们，认识对实践有能动的反作用，要想在大学生中贯彻落实传统文化教育，使大学生将传统文化教育应用到实际生活中，就必须让他们从心底认同传统文化，其中厘清传统文化教育的概念和内涵是在大学生中顺利开展传统文化教育的前提和基础。

（一）传统文化的内涵

钱穆说："一民族文化之传统，皆由其民族自身递传数世、数十世、数百世血液所浇灌，精肉所培奎，而始得开此民族文化之花，结此民族文化之果。"❶生活环境、生存方式的不同，由此而形成的文化也是各有特色的。中国优秀传统文化脱胎于中国几千年的发展历程，包括各种思想特点和观念形态，蕴含着深刻的民族特性。中华民族传统文化的内核是儒道互补，同时兼收墨家、法家等诸子百家思想中的精髓。中华民族传统文化作为文化体系的重要组成部分，具有内涵丰富的特点。它是祖祖辈辈生活在中国这块土地上的人民在长年累月的劳作中所创造的，切合中国人民勤劳、向上特点的一种文化，这种文化流淌在中国人民的血液中，对于中国人民认识世界和改造世界的过程有着深远的影响。

夏朝的建立标志着中国传统文化的初步形成，之后吸取各个时代思想中的精华部分，不断发展、成熟。鸦片战争后，面对西方列强的侵略与压榨，有识之士提出了效仿西方世界以救国图存，至此，掀起了学习西方文化的热潮，中国传统文化随即走向了衰落。中国传统文化是中国特定的政治结构和意识形态共同作用的结果，具有相对稳定的特性。尽管中国传统文化是中国古人创造出来的，但直到今天依然得到了人们的认可，影响着人们的生产生活。传统文化是古人智慧的结晶，并不意味着所有的传统文化都是优秀的，事实上，传统文化中还有不少的糟粕。因此将传统文化融入大学生教育时要注意分辨，选取具有代表性、能够指引大学生健康成长的精华，摒弃那些具有封建成分和落后思想的糟粕，同时还要将传统文化与时代的发展结合起来，在继承的基础上进行文化创新，做到古为今用。中国传统文化具有如下三个特点。

一是历史悠久。中华民族有着悠久的历史，中华文明与古巴比伦文明、古埃及文明和古印度文明并称为世界四大文明，可见中华文化历史底蕴之深厚。学术界普遍认为史前的华夏文化应是中华文化的起始点，在生长于中原地区的华夏人民与周边民族的冲突与交往中，华夏文化与周边文化也在进行着交流与融合，进

---

❶　王炯华，等.中国传统文化十二讲［M］.武汉：华中科技大学出版社，2001：08.

而形成被大多数民族所认可的文化体系。随着社会的发展和朝代的变迁，中华民族的生活区域在不断地扩展，华夏文化的内涵也在不断地丰富和完善。

二是博大精深。正是因为经受了上下五千年历史的滋养，中华文化呈现出了博大精深的特性。无论是天文历法还是山川河流都囊括在中华文化的范畴内。中华文化并不是散漫凌乱的文化碎片而是逻辑思维缜密、理论知识丰富的文化体系，饱含着中华民族的智慧，具有兼容并蓄的特点。

三是民族特色。在人类文化学家看来，世界上各个国家和地区产生的文化都是该国家和地区物质生产和精神生产的总和，这是文化的一般性。根据唯物主义的基本原理，所有事物都呈现出共性和个性并存的二元格局，中华文化也不例外，是集一般性和特殊性为一体的文化。世界上很多国家都是由单一民族构成的，如德国主要由日耳曼民族构成，中国的民族构成更加复杂和多元，它是由五十六个民族组成的大家庭，不同的地理环境和生活习俗使不同民族形成了独具个性的民族文化，通过贸易与交流，民族之间关系更加紧密，从而形成了丰富多彩的民族文化。

（二）大学生传统文化教育的内涵

中华民族传统文化涵盖着非常丰富的内容，涉及人民生活的方方面面，比如思维方式、行为准则以及教育理念等。教育在传统文化中占据了很大的比重，它要求君子立德修身，制定了礼仪的规范和标准，提出了忠君爱国的理念。传统文化对于各个行业的教育都有涉及，在对大学生进行教育时借鉴和引用优秀传统文化，不仅能够引导大学生树立正确的人生观、帮助他们健康成长，而且能够促进国家持续快速发展，实现民族的兴旺团结。

基于社会发展和大学生成长、成才的需要，大学生传统文化的教育可遵循以下三个方面。

第一是经典文本的阅读。中华民族流传下来的文本典籍是非常丰富的，不仅官方政府会组织文人编纂各种书籍，文人自己也会将学术成果记录下来以流传后世。应该尽量选择经典文本，如《论语》《孟子》《大学》《中庸》等。

第二是文化典范的熏陶。中华文化在发展过程中不仅留下了汗牛充栋的文本典籍，还留下了包括古代文物、建筑等在内的物质文化遗产和刺绣、绘画等非物质文化遗产，这些都是中华文化的典范。教育实践证明，组织大学生参观博物馆、举行诗词大赛等文化熏陶活动，对于大学生文化素养的提高具有积极意义。

第三是关于礼仪文化的熏习。中国自先秦时期就通过典章制度对统治阶级的礼仪进行了规范，之后历朝历代都对礼仪文化投以了极大的关注。开展礼仪文化教育，可以帮助人们重拾对于传统文化的记忆。随着时间的流逝，当代人对于礼仪文化的意识越发的淡薄，西方的圣诞节、情人节受到了人们的追捧，中国传统的端午节、七夕节则无人问津。在日常生活中礼仪文化缺失的现象也随处可见。如部分学生对于教师没有敬爱之心，在校园中看到教师会装作看不见，故意躲避；晚辈对于长辈也没有尊敬之心，不会主动问候长辈。当前传统文化在社会文化体系中处于边缘地位，传统文化的传承与创新，刻不容缓。因此在大学生教育中开展传统经典阅读、传统文化熏陶以及传统礼仪的学习是十分必要的。

二、新时代大学生中华优秀传统文化教育的主要内容

中华传统文化的内容是极其丰富的，大学生的时间和精力却是有限的，如何在有效的时间内教授给学生尽量多的传统文化知识是需要教育界专家和学者思考和研究的重要课题。确定大学生中华优秀传统文化教育的内容是落实传统文化教育的前提。

（一）家国情怀教育

"家国情怀"就是个体对抚育自己成长的故乡和栽培自己成才的祖国所具有

的浓烈而深厚的热爱之情。中国是一个农业大国，早在新石器文化时就开始了耕种活动，古人凭借着自己的双手在土地上劳作，从而维持生活。土地限制了人们的活动区域，同时也使人们的视野变得狭隘。同自然这个庞然大物相比，人类是渺小的，为了能在自然环境下更好地生活，人们开始集结成村落，互相帮助。随着人类不断地繁衍生息，以血缘关系为联系纽带的人们之间的关系越发亲密，进而形成了宗法专制社会。在宗法社会中，个人的小家是形成国这个大家的基础，国是小家的延伸和扩展，家国是同构的。因此，《大学》中强调"修齐治平"的家国情怀。也就是说，一个人只有修身养性，不断提高自身的文化素质，才有可能在组建家庭之后管理好家庭，在管理好家庭的基础上，才有可能建设好国家，最后实现天下没有战争、人们安居乐业的宏伟目标。个人、家庭、国家和社会这四者间是层层递进、相辅相成的关系，任何一个环节都缺失不得。家国情怀实际上就是"将个人发展与家庭发展、国家发展乃至社会发展一体化"❶了。家国情怀从本质上来说就是家庭情感与爱国情感的合二为一，从"孝亲敬老、兴家乐业的义务"走向了"济世救民、匡扶天下的担当"❷。它"既倡导以孝为先、由孝而敬的家庭伦理，又倡导'天下兴亡，匹夫有责'的民族担当"❸。因此，要想在大学生中真正落实家国情怀教育，要率先开展的便是爱家和爱国的情怀教育，引导学生树立尊敬老人、爱护亲友的家庭观念和"天下兴亡，匹夫有责"的国家意识。

1. 孝老爱亲的爱家情怀教育

家庭是家国情怀教育的逻辑起点。在大学生中开展爱国教育的前提是开展爱家教育，就是要教育大学生喜爱并尊重每一个家庭成员，自觉承担起家庭的责

❶ 于春海.杨昊.中华优秀传统文化教育的主要内容与体系构建［J］.重庆社会科学，2014（10）：67–75.
❷ 李斌.家国情怀是立身养德之本 [N].人民日报，2016–01–20（4）.
❸ 李国娟.高校加强中华优秀传统文化教育的理论思考与实践逻辑［J］.思想理论教育，2015（4）：64–69.

任。爱家情怀包含两方面的内涵，一是热爱家庭的感情，二是维护家庭利益的责任，这两方面是缺一不可的。当今社会，个人小家庭的利益和国家大家庭的利益是紧密结合在一起的，一个人只有对家庭有着真挚而热烈的情感，面对损害小家庭利益时能够挺身而出，承担起应有的责任，那么才有可能将这份感情和责任延伸到国家，才能展现爱国情怀。

行动是检验感情的重要标准，如果一个人整天说自己热爱家庭，对家庭有着深厚的感情，可是却总是用各种借口来拒绝承担责任，那么我们就不能说这个人具有爱家情怀。相反，如果一个人虽然口头并未表达过自己对家庭的感情，可是却能主动自觉地承担家庭责任，那么我们也就不能说他不在乎家庭，对家庭没有感情。家庭是由每一个生活在家庭中的成员构成的，每个成员所承担的家庭责任也是各不相同的，但是孝敬长辈是所有家庭成员所必须遵守的基本准则。《孝经》说："夫孝，天之经也，地之义也，民之行也。"在古人看来，履行孝道是一件天经地义、不容辩驳的事情，所有的民众都应该履行这一责任。

早在先秦时期，思想家们就孝道思想提出了不同的见解，内容也是博大精深的，主要包括如下观点：

（1）孝是家庭伦理之责

这里强调的是已经长大且有能力的成人对于年老且失去劳动能力的父辈尽奉养的责任和义务。从词源上来分析，"孝"这个字是由"老"与"子"组成。《尔雅·释训》把"孝"解释为"善父母为孝"。《说文》也把"孝"解释为"善事父母者，从老、从子，子承老也"。孟子也说："事孰为大？事亲为大。"（《孟子·离娄上》）这句话是说，这个世界上什么事情是最重要的呢？侍奉父母便是最重要的事。可见，对于中华民族传统孝道而言，没有比对父辈尽责任、尽义务更为重大的事情了，赡养父母自然成为传统孝道的基本内容。

在对父辈尽奉养责任时，进行物质赡养、满足父辈的物质需求是最基本的内容。《孝经·庶人章第六》强调要"用天之道，分地之利，谨身节用，以养父母，此庶人之孝也"。这句话是说要遵循自然规律，根据季节变化，从土地中获取收益，严格约束自己的行为，节省俭约，孝顺赡养父母，这就是普通百姓的孝道了。《战国策·楚策》也说："孝子之于亲也……事之以财。""事之以财"就是指子女在奉养父母时，定期向父母提供财物，在物质的供给方面尽赡养的责任。

对父辈尽物质奉养的责任只不过是落实孝道思想中最基础的层面，还远远达不到真正的孝顺。在对父辈进行物质奉养时，后辈要怀着一颗敬爱的心，时刻做到"敬"。《论语·为政》中有这样一句话："今之孝者，是谓能养。至于犬马，皆能有养；不敬，何以别乎？"这句话深刻诠释了"孝"的真谛，如果后辈对于长辈没有尊重、敬爱的心态，只是定时向父辈提供财物，进行物质上的赡养，那么后辈的这种奉养方式与他们平日里养马养狗又有什么区别呢？孔子还说："有事，弟子服其劳；有酒食，先生馔。曾是以为孝乎？"(《论语·为政》)这句话是说，如果有辛苦的工作就让年轻人去处理和承担，如果准备了美味的菜肴和酒水就先让年长的父辈去享用，难道你们以为做到了这个地步就是孝了吗？由此可知，物质奉养只是"孝"的一个方面，只有做到由心而生"敬"，才可以说做到了真正的孝。当子女从心底衍生出"敬"时，就会以和气的态度对待需要奉养的父母，"有和气者，必有愉色；有愉色者，必有婉容"。(《礼记·祭义》)只有这样，才能让父辈在与后辈的交流中，体会到暖意，从心底认为自己即使年纪大了，也是受后辈尊重的，从而在精神上得到慰藉。

（2）尽孝要及时

《孔子家语·卷二·致思第八》中记述了一段关于孔子的逸闻，孔子在出行的路上遇到了皋鱼，当时皋鱼的穿着和行为很是奇怪，身上披着粗布，怀中还抱着割草所用的镰刀，站在道旁止不住地流泪、哭泣。孔子觉得皋鱼的行为很古怪，于是下车询问缘由："你家是不是有丧事？为什么哭得如此悲伤？"皋鱼的回答很耐人寻味。

皋鱼向孔子倾诉了他曾经犯过的三个过失，过失之一为"少而学，游诸侯，以后吾亲"。这句话是说皋鱼年轻的时候为了追求学问，而去各个诸侯国家拜访有名望的人进行学习，那个时候的他一心向学，认为自己还年轻还有很多时间来奉养父母，因而并没有将照顾亲人放在首位。过失之二为"高尚吾志，间吾事君"。这句话是说皋鱼在学成归来后，为了实现自己的政治抱负，皋鱼将更多的精力放在了为君主效力上，导致他在孝敬父母方面并没有尽心尽力。过失之三为"与友厚而小绝之"。这是说皋鱼在年轻时认为朋友间的友谊是很重要的，将大量的时间与精力用在了经营朋友间的友谊上，反而疏远了亲人。这三个过失虽然原因各不相同，但是事实是自己确实未尽孝道。本来以为孝顺父母的时间是很充足的，可是当真心想赡养父母时，父母却已不在了！时间和生死是人力所不及的，青春年少的岁月流逝是不能追回的，亲人逝去后也是无法再相见的。皋鱼的"子欲养而亲不待"蕴含着深刻的含义，是前人没有尽到爱家情怀的深刻教训，同时也是现代社会的真实写照。身强体壮的年轻人为了事业常年在外奔波，很少考虑父母的感受，也无法理解父母的担忧和牵挂，直到父母不在时，蓦然回首才感慨，人生易老，亏欠父母太多，可惜为时已晚，已无法报答父母的养育之恩，只能抱憾终身。

（3）孝是道德修养

《孟子·离娄章句下》中总结归纳了五种不孝的行为，涉及不赡养父母的行为有三种，或"惰其四支"，或"博弈好饮酒"，或"好货财，私妻子"。即有的人因为生性懒惰，不爱劳作；有的人常年喝酒、赌博；还有的人是在结婚后，过于重视钱财，过分偏爱妻子儿女，正因为他们有这些不好的习惯，导致了他们不愿意赡养父母，不能对父辈进行应有的物质供养。除此之外，"从耳目之欲，以为父母戮""好勇斗狠，以危其父母"也是不孝的行为。也就说有的人把纵情声色当作人生追求，放纵享乐，而使父母感到羞愧；有的人自以为勇武，逞勇好斗，危及父母，这些都是不孝的行为。细究这些人的行为就可以发现，对"孝"的敬畏感的缺乏才使他们无所顾忌。为了改善这种情况，就必须加强他们的道德修养，因为只有不断提升人们的道德意识，才能使孝顺的观念在全社会普及开来。

2. 匹夫有责的爱国情怀教育

孝有大小之分，履行对父母的义务是小孝，承担起建设国家的重任就是一种大孝。家和国是一体的，家庭养育了我们，为我们的成长付出了心血和努力，因此我们要承担家庭的责任。国是家的集合体，有了国家的包容和爱护，我们才能健康地成长，免于遭受不法分子的侵害。因此对于国家，我们也要尽孝道。这就是匹夫有责的爱国情怀，包含感情和责任两方面内容：一方面对国家充满"忧患意识"，另一方面要具有"天下兴亡，匹夫有责"的担当。

（1）爱国情怀的"忧患意识"

"忧患"一词最早见于《周易·系辞下》："《易》之兴也，其于中古乎？作《易》者，其有忧患乎？"忧患意识产生的时间很早，许凌云教授说："忧患意识起源于远古时代。"❶邵汉明先生认为，在儒家学派出现之前，它"即已开始在先哲先贤那里得以滋生、形成和逐步强化"❷。

忧患意识也可以说是一种危机意识，指的是即使当前的生活很舒服和安逸，没有任何危急的事情将要发生的预兆，也不能认为这种安稳的生活会永远地保持下去，心安理得地享受着当前的一切，而是要时刻对现实生活进行反观和审视，为未来可能发生的危险做好规划。"生于忧患，死于安乐"就属此理。也正如恩格斯所指出的："在发展的进程中，以前的一切现实的东西都会成为不现实的，

---

❶ 许凌云. 儒家文化与忧患意识［J］. 齐鲁学刊，2000（2）：81-85.

❷ 邵汉明. 中国文化精神［M］. 北京：商务印书馆，2000：72.

都会丧失自己的必然性、自己存在的权利、自己的合理性；一种新的、富有生命力的现实的东西就会起来代替正在衰亡的现实的东西。"❶这段文字，清楚地反映了恩格斯的辩证否定观。忧患意识告诉我们，不仅要看到眼前世界的平静安稳，还要考虑到未来是否会遭遇困境。忧患意识主要体现在忧道、忧君和忧天下三个方面。

　　"忧道"思想是中华优秀传统文化的重要内容。春秋时期，周王朝对于列国的约束力已然消退，面对"礼崩乐坏"的现实，孔子提出了"君子忧道不忧贫"。（《论语·卫灵公》）对于"道"，老子也提出了自己的见解。老子说："道生一，一生二，二生三，三生万物。"虽同为"道"，却有着不同的理解，在老子看来，"道"是事物的本源。孔子认为道是其他的含义。孔子说："周监于二代，郁郁乎文哉，吾从周。"孔子所讲的"道"是要"从周"的。"从周"的什么呢？孔子说："一日克己复礼，天下归仁焉。"可见，孔子宣讲的"道"指的是周代的礼仪制度。孔子生活在春秋时期，平王东迁后，西周建立的以血缘和伦理为纽带的分封制瓦解，齐桓王揭开了春秋争霸的大幕，为了夺取更多的领土和人民，各国纷争不断，面对着动荡不安的社会现实，孔子渴望回归到西周领导下井然有序的生活状态，由此提出了"道"的理念。在孔子看来，要想实现社会的安定就需要恢复周代的礼仪制度，从这个角度来说，"忧道"就是忧国。

　　战国后期，秦始皇统一六国，标志着中国进入了封建社会，直到辛亥革命推翻了清王朝，我国才结束了封建时期。封建社会的人民信奉的理念是"天下一家""普天之下，莫非王土；率土之滨，莫非王臣"。为了维护统治，代表统治阶级的皇帝自称为"天子"或者说是"君"。对于士大夫阶层来说，忧虑国家的前提和未来就是担忧君主，"君"和国是联系在一起的。西汉的贾谊站在统治阶级的立场，有了如下的论述："君子为国，观之上古，验之当世，参之人事，察盛

---

❶　马克思恩格斯文集（第四卷）[M].北京：人民出版社，2009：269.

衰之理，审权势之宜，去就有序，变化因时，故旷日长久而社稷安矣。" ❶针对秦王朝亡于农民起义的社会现实，提出："故夫民者，至贱而不可简也，至愚而不可欺也。故自古至于今，与民为愁者，有退有速，而民必胜之。" 唐初的魏征也曾上疏说"臣愿当今之动静，必思隋氏以为殷鉴，则存亡治乱，可得而知。若能思其所以危，则安矣；思其所以乱，则治矣；思其所以亡，则存矣。" ❷魏征劝谏当时的统治者要吸取隋朝灭亡的经验，保持忧患意识。魏征还以"水""舟"为喻，突出"君"要爱"民"。他说："臣又闻古语云：'君，舟也；人，水也。水能载舟，亦能覆舟'陛下以为可畏，诚如圣者。" ❸

如果说"忧君"所代表的是对皇帝及其家族为代表的一姓之国的爱，"忧天下"便是对生活在这片土地上的人民的广博的爱。"忧"的范围更加广泛，对于人民的热爱之情也更加深沉。宋代士大夫范仲淹提出的"先天下之忧而忧，后天下之乐而乐"就是"忧天下"的典型言论。林则徐秉承"苟利国家生死以，岂因祸福避趋之"的精神，在虎门销烟的行为，也正是忧天下的表现。甲午战争失败后，日本逼迫中国签订了马关条约，这一消息传来时，谭嗣同发出了这样的怒吼："世间无物抵春愁，合向苍冥一哭休。四万万人齐下泪，天涯何处是神州。""忧天下"之情跃然纸上。

忧患意识贯穿于中华优秀传统文化之中，体现的是对国家的责任，正是在忧患意识中，人们认清了处在危难中的国家，不断奋发进取，为了改变现实，贡献着自己的力量。

（2）爱国情怀的责任担当

爱国情怀不仅是一种意识，更应当落实到行动中。历史经验告诉我们，爱国

❶ 吴云，李春台. 贾谊集校注（增订版）[M]. 天津：天津古籍出版社，2010.
❷ 谢宝成. 贞观政要集校 [M]. 北京：中华书局，2003.
❸ 谢宝成. 贞观政要集校 [M]. 北京：中华书局，2003.

情怀的责任担当由两种要素构成，一种是外敌入侵时为了保家卫国而产生的"被动之爱"，一种是自觉自为地对国家的"内生之爱"。

　　封建社会时期的中国，汉族人在数量上占据了大多数，统治权力也大都掌握在汉族人手中，当朝廷被其他民族所取代时就产生了"一个'憎恨'或'仇视'的对象，这个对象对自己的国家造成了严重威胁乃至危机，而殖民侵略正是这样一种敌对力量，它是凝聚起爱国力量的最重要前提，直接促成了爱国主义情感的爆发式产生"❶。面对外族的入侵而产生的保护国家的责任，是一种"被动之爱"。流传下来的历史故事中，很多都体现着"被动之爱"，如岳飞抗金，文天祥抗元等，这些耳熟能详的英雄人物为我们留下了千古绝唱的名句。"靖康耻，犹未雪。臣子恨，何时灭。驾长车踏破，贺兰山缺。壮志饥餐胡虏肉，笑谈渴饮匈奴血。""人生自古谁无死，留取丹心照汗青。""封侯非我意，但愿海波平。"直到今天，这些诗词依然能引发我们的情感共鸣，让我们感受到作者强烈的爱国主义的责任担当。

　　爱国情怀的责任担当并不仅仅是"被动之爱"，也是自觉自为的"内生之爱"。正如弗洛姆所说："爱是一种积极的活动，并不是一种被动的情感；它是主动地'站进去'（standing in）的活动，而不是盲目地'沉迷上'（falling in）的情感。"❷所谓主动地"站进去"的活动是指人们自觉地承担者应尽的社会责任，为社会的进步默默地贡献着自己的力量。这种爱体现在日常生活中，是"日用而不觉"的"爱"。尽管"内生之爱"不像"被动之爱"那样轰轰烈烈、彪炳史册，但是无数个体的为国奉献之爱汇聚成了社会发展的动力。这种"爱"也是一种责任担当。中国传统典籍中提到这种责任担当的文献有很多，如《诗经》中所提到的"夙夜在公"，为了公家的事业不辞辛苦地日夜忙碌；《尚书》中讲到的"以公

❶ 薛中君.论现代爱国主义的内涵及意义［J］.人民论坛，2013（11）：198-199.
❷ 郑富兴.论爱国主义教育中的爱与责任［J］.思想理论教育，2009（17）：49-52.

灭私，民其允怀"，为了国家的利益要灭除掉自己的私欲，这样百姓就可以信任并依附掌权者。这些都是"内生之爱"的写照。

（二）社会关爱教育

中华优秀传统文化中拥有丰富的社会关爱教育内容，"仁者爱人"思想教育以及"天人合一"思想教育就是突出的表现。

1. "仁者爱人"的社会关爱教育

"'仁'可以说是中华民族精神的象征，虽然它为统治阶级所利用，但并不能由此否认它是中华民族的公德和恒德。"[1]仁爱之心是中华民族优秀文化的永恒话题，"仁者爱人"思想对于正确处理人际关系有着重要意义。

"仁者爱人"思想出自孔子。根据场合的不同，孔子对"仁"的解释也是不同的，但最基本的含义为"爱人"就是说，要"对他人奉献爱心"[2]。

"仁者爱人"首先体现在它将人作为一种独特的生命个体，强调要重视人的作用。子产曾说："天道远，人道迩，非所及也。"[3]古人认为天主宰着人类的命运，非人力所能抗衡，在这句话中"天"的神秘感在消退，人的地位不断突出。

其次，仁者爱人凸显了亲亲之情。孔子对"孝""悌"的解释将这种亲亲之情体现得淋漓尽致。孔子说："孝悌也者，其为仁之本与。"[4]所谓"孝"指的是子女要孝顺父母，对于父母和长辈，子女要秉持着敬畏、尊重的态度来奉养他们。"悌"论述的是弟弟同兄长的态度，指的是对兄长的敬爱。对父母孝顺，对兄长

[1] 张岱年、方克立. 中国立化概论［M］. 北京：北京师范大学出版社 .2011.
[2] 黄钊. 儒家德育学说论纲［M］. 武汉：武汉大学出版社 .2006.
[3] 《左传·昭公十八年》
[4] 《论语·学而》

敬爱，这就是"仁"的基础❶。孔子的仁者爱人思想不仅突出了对"人"的尊重，而且还凸显了亲亲之情。孔子说："弟子，入则孝，出则悌，谨而信，泛爱众，而亲仁。行有余力，则以学文。"❷

对于孔子提到的这种崇尚亲亲之情并进行推广的观点，孟子持赞成态度，而且对此观点进行了深入化的论述，即"老吾老以及人之老，幼吾幼以及人之幼"❸。这句话是说，个人对于自家的长辈要有着尊重、敬爱之心，同时推广到对于社会中的老人也秉持着尊重的心态，个人喜欢、爱护自家的孩子，这种感情也要推广到其他幼儿身上。这种从对于自己家庭爱护的小爱，推广到对于社会大众的博爱，显示了亲亲之情的广泛性。

再次，仁者爱人突出了利他性。孔子提出过这样一句话："己欲立而立人，己欲达而达人。"❹意思是说，自己想立，便也帮助别人能立；自己想达，便也帮助别人能达。这句话正体现了人道主义主客体相统一的观点，即人们做事既要有"为我"的一面，也要有"为他"的一面。

纵观诸子百家的学说可以发现，"仁者爱人"思想并不是儒家的专利。墨家提出了类似的"兼爱"学说。"兼爱"包括两层含义。首先从对象上来说，"兼爱"是一种广博的爱，任何人无论出生何地都在"兼爱"的范围内，"视人之室若己室，视人之国若己国。"（《兼爱上》）其次从性质上来说，"兼爱"是无差别的爱，墨子在《大取》中曾说："爱臧之爱人也，乃爱获之爱人也。""臧"指的是奴隶，对于墨子来说，奴隶也包括在"兼爱"的范围内，要像爱其他人一样来爱奴隶。《兼爱上》又说："爱人若爱己身。"墨家将天下战争不断的原因归结为"不相爱"。因此，要消除天下间的祸乱，就需要实行"兼以易别"（《兼爱下》），

---

❶　杨伯峻译注. 论语译注［M］. 北京：中华书局，2010.

❷　《论语·学而》

❸　《孟子·梁惠王上》

❹　《论语·雍也》

即以"兼相爱，交相利之法易也"（《兼爱中》）。只有实行"兼以易别"，才能产生"诸侯相爱则不野战，家主相爱则不相篡，人与人相爱则不相贼，君臣相爱则惠忠，父子相爱则慈孝，兄弟相爱则和调。"（《兼爱中》）墨家以为"兼爱"是消除社会混乱局面，实现人际关系和谐的根本途径，从而达到"是以老而无妻子者，有所侍养以终其寿；幼弱孤童之无父母者，有所放依以长其身。今唯毋以兼为正，即若其利也"（《兼爱下》）。具体的做法是人们要"视人如己"。每个人要"视人之国若视其国，视人之家若视其家，视人之身若视其身"（《兼爱中》），"爱人之亲，若爱其亲"（《大取》）。

北宋的张载继承了孔子"仁者爱人"的思想，并进行了发扬，他在《正蒙·乾称篇》的首段即《西铭》中就塑造了"仁者爱人"的理想世界。在张载看来，天地是我的父母，天下的民众都是我的同胞，整个社会是井然有序且充满人间真情的宇宙大家庭。"尊老爱幼，关怀苦弱，纯乎孝道，持守仁德，穷神知化，存心养性，努力不懈。""身体存在一日，我便尽人事而顺天道一日；身体一旦消亡，我也就回归宇宙大化的本源，而得以像游子归家的宁馨，又如溪流融入大海的安懑。"❶这是一幅其乐融融的大家庭景象，充满了仁者爱人的气息。

2. "天人合一"的社会关爱教育

"天人合一"最早是由北宋的张载提出来的，《正蒙·诚明》篇中有这样的解释："儒者则因明致诚，因诚致明，故天人合一。""天人合一"探究的是人与自然的关系，"天人合一"之所以能够应用到社会关爱教育中，是因为它将人纳入自然世界当中，强调了人和万物同源。《序卦》中描述了宇宙的生发过程，首先揭示了"天地"的根源，正因为有了天地，之后才孕育了万物，有"万物"然后

---

❶ 钟永生．王阳明"万物一体"思想研究［D］．云南师范大学，2007．

才有"男女""夫妇""父子""君臣""上下""礼仪"❶。从宇宙之根到万事万物，从自然到社会，"天地与人事由此紧密地联系在一起"❷。

"天人合一"命题探讨的仁爱的对象不仅仅是人，还包括自然万物，由此产生了关爱自然的思想。孟子曾说："亲亲而仁民，仁民而爱物。"❸孟子认为，仁爱万物就是君子的职责。董仲舒对这一层意思讲得更为清晰，他说："质于爱民，以下至于鸟兽昆虫莫不爱。不爱，奚足以为仁？"❹意思是说君子对人民有着仁爱之心，甚至于对于自然界中的昆虫鸟兽也有着仁爱之心，如果不喜爱自然万物，又怎么可以称得上是仁呢？张载依据"气"为宇宙的本源，提出了"民吾同胞，物吾与也"，这就是"民胞物与"思想。"不过，张载的'民胞物与'之爱其重点不在于强调爱之差等，而在于强调爱及他人以至爱及于物。"❺也就是说，张载的"民胞物与"思想具有强烈的关爱自然情怀。理学家程颢也主张天地万物与己一体，他说："仁者，浑然与物同体。"（《识仁篇》）又说："仁者，以天地万物为一体，莫非自己也。"（《遗书》卷二上）"与物同体"之心即是仁心，它能包容万物、博爱众生，因此，也可以关爱自然。

人类对大自然的关爱之情不仅要通过语言文字来传达这种感情，还要落实到日常生活中。《论语·述而》说："子钓而不纲，弋不射宿。"这句话是说孔子注重保护动物，在河边钓鱼时不使用能够捕捞很多条鱼的大网，在捕猎时放过正在休息的鸟。孟子继承和发展了这一思想。《孟子·梁惠王章句上》说，要使农民能够获得取之不尽的粮食，就需要"不违农时"；要使鱼鳖"不可胜食"，在捕捞

---

❶ 《序卦》原文为：有天地然后有万物，有万物然后有男女，有男女然后有夫妇，有夫妇然后有父子，有父子然后有君臣，有君臣然后有上下，有上下然后礼仪有所错。

❷ 景海峰.儒家"天人合一"思想的历史脉络及当代意义［J］.中国文化.2013（2）：37–52.

❸ 《孟子·尽心章句上》

❹ 《春秋繁露·仁义法》

❺ 张世英.中国古代的"天人合一"思想［J］.求是，2007（7）：34–37.

鱼类时就不能使用过于细密的渔网；要使得树木"不可胜用"，就不能大肆滥伐，要根据自然规律，有节制的砍伐。孟子把这些思想称为"王道之始"。荀子也主张要尊重自然、爱护自然。《荀子·王制》指出，"草木荣华滋硕之时"，不准进入山林砍伐；"鼋鼍、鱼鳖、鳅鳝孕别之时"，不准用渔网捕鱼或把毒药投入湖泽；"春耕、夏耘、秋收、冬藏，四者不失时"，"五谷"就会"不绝"，"百姓"就会"有余食"；"污池渊沼川泽，谨其时禁"，"鱼鳖"就会"优多"，百姓也会"有余用"；"斩伐养长不失其时"，山林就会繁茂，百姓也会"有余材"，荀子把这种思想称为"圣王之制"。

（三）人格修养教育

中华优秀传统文化中拥有丰富的人格修养教育内容，传统立志教育、传统义利观教育、传统诚信观教育、刚健有为思想教育就是重要体现。

1. 立志笃志的人格修养教育

"志"不仅是人们生活的旨趣，而且也是人的主体性、能动性和自由创造性的体现。中华优秀传统文化中存在大量的立志笃志思想，现归纳如下。

（1）立志为先

"志"成为一个话题，可以追溯到孔子。孔子说："吾十有五而志于学，三十而立，四十而不惑，五十而知天命，六十而耳顺，七十而从心所欲，不逾矩。"（《为政》）在孔子一生中，志于学是基础。也正如湛若水所说："此志一立，三十、四十、五十、六十、七十，直至不逾矩，皆是此志。变化贯通，只是一志。"（《语录》，《明儒学案》卷三十七）王阳明说："夫学莫先于立志。"（《王阳明全集》卷七《示弟立志说》）康有为也说："立志为学者第一事，志不立则天下无可为者。"（《论语注》卷九）对于先贤来说，立志是成就事业的第一要事。

古代圣贤以为志是根本，并且将志比喻为树木的根本。二程（程颢、程颐）

曾说："立志则有本。譬如艺术，由毫末拱把，至于合抱而干云者，有本故也。"
（《二程集·河南程氏粹言》卷一《论学篇》）谢良佐说："人须先立志，志立则有
根本。譬如树木，须先有个根本，然后培养，能成合抱之木。"（《语录》，《宋元
学案》卷二十四）王阳明也说："夫志，气之帅也，人之命也，木之根也，水之
源也。"（《王阳明全集》卷七《示弟立志说》）又说："志不立，如无舵之舟，无
衔之马，漂荡奔逸，终亦可所底乎！"

（2）立志当高远

志有大有小，有翱翔九天的鸿鹄之志，也有腾跃于草丛中的燕雀之志，古
代的先贤更赞赏鸿鹄之志。诸葛亮说："夫志当存高远，慕先贤，绝情欲，弃凝
滞，使庶几之志，揭然有所存，恻然有所感，忍屈伸，去细碎，广咨问，除嫌
吝，虽有淹留，何损于美趣，何患于不济。若志不强毅，意不慷慨，徒碌碌滞于
俗，默默束于情，永窜伏于凡庸，不免于下流矣。"（《诸葛亮集》卷一《诫外生
书》）诸葛亮在这里所强调的高远之志也就是鸿鹄之志。陈淳也说："立志要高不
要卑……要定不要杂，要坚不要缓。"（《北溪字义·志》）何为高远之志？清代李
顺讲得非常明白，他在《四书反身录》中说："立志须做天下第一等事，为天下
第一等人。""问如何是天下第一等事，曰为天地立心，为生民立命，为往古继绝
学，为万世开太平。""如何是天下第一等人？曰能如此，便是第一等人。""做天
下第一等事"为天下第一等人，这是何等的大器，又是多么高远的志向。唐甄也
说："其为志也，必至于尧孔而不少让；其为心也，视愚夫愚妇之一言一行，有
我之所不及者。"（《潜书·虚受》）用今天的眼光来看待这种高远之志就可以发
现，古人所追求的是高尚的道德人格修养。这种不断寻求人格完善的精神，对于
当今社会有着积极的借鉴意义。

中国先贤很早就认识到志向与成就事业间的关系，一个人如果在年轻时就立
下了高远的志向，那么他未来的成就必然比那些在年轻时立下微小志向的人的成

就要大，因此古人强调立志要高远。王阳明说："立志而圣，则圣矣；立志而贤，则贤矣。"（《王阳明全集》卷二十六《教条示龙场诸生·立志》）在王阳明看来，只有树立了远大的志向，才能成为圣人与贤人。石成金的语言更为通俗："志高品高，志下品下。"（《传家宝》二集卷二《人事通》）王夫之在《读通鉴论》中也说："夫人所就之业，视其器之所堪，视其量之所函，视其志之所持。"这句话是说，人们成就事业的大小需要"视其志之所持"。这就意味着，人们只有树立了高远的志向，才可能成就大的事业。

（3）笃志贵有恒

笃志就是要一心一意地实现志向。虽然高远的志向是成就伟大事业的前提和基础，但这并不意味着只要有高远之志就必然会成就事业。因此程颢、程颐强调："志不可不笃。"任何事业的成功都不可能是一帆风顺的，志向越是高远的事业所遭遇的艰难困苦也就越大，越需要持之以恒的毅力、坚持不懈的努力。如荀子《劝学》篇中所说的锲而不舍精神，"锲而舍之，朽木不折；锲而不舍，金石可镂"。

很多先贤的著作中都可以发现关于"笃志"的论述。墨子说："志不强者智不达。"（《修身》）二程也说："人苟有'朝闻道夕死可矣'之志，则不肯一日安其所不安也。何止一日？须臾不能。如曾子易箦，须要如此乃安。"（《二程集·河南程氏遗书》卷十五）这句话是说，人如果真的有高远的志向，在实现志向的过程中要时刻牢记着志向，须臾不离自身，要学习曾子即使病重也要坚持遵守礼节的精神。

2. 崇德弘毅的人格修养教育

"崇德"就是主张人们要崇尚道德，习近平总书记和北大师生座谈时曾强调："做人做事第一位的是崇德修身。"这是他对"崇德"思想的重视。"弘毅"就是主张人们要刚强、要有毅力。中华优秀传统文化中的传统义利观、传统诚信观、刚健有为思想都有益于对大学生进行崇德弘毅思想教育。

（1）中华优秀传统文化的传统义利观

随着改革开放的不断深化，人们的思想观念更加开放、包容，拜金主义、虚无主义等思想也在社会中蔓延开来，对于大学生的健康发展带来了不利影响。实践证明，在大学生中开展传统义利观教育对当代大学生正确处理利益关系，自觉抵制拜金主义思潮具有启发意义。

①见利思义

生活在现实世界中的人都有着维持生存的本能，"人们的切身利益或私利，其中主要是个人的物质利益，往往是人们思想和行为的出发点，对其活动产生重大的影响"❶。为了生存，人们获取物质利益，这是正当的。马克思曾说："我们首先应当确定一切人类生存的第一个前提，这个前提是：人们为了能够创造历史，必须能够生活。但是为了生活，首先就需要吃喝住穿以及其他一些东西。"❷但我们不能放任或放纵私利的发展，若一味唯利是图，就只能"放于利而行，多怨"❸。这句话要完全否定"利"，要求人们不能追求利益。事实上，中国先贤从未否定"利"，如孔子周游列国时经过了卫国，看到了稠密的人口，不禁发了"庶矣哉！"的感慨，冉有问："人口已经多了，该怎么办呢？"孔子说："使他们富裕起来。"❹可见，即使是先贤也承认"利"存在的合理性，只不过"利"的获取要遵循一定的标准，这个标准就是"义"。

《论语·宪问》提出："见利思义，见危授命，久要不忘平生之言，亦可以为成人矣。"在这里，孔子提出，"见利思义"是"成人"的重要标准。所谓"见利

---

❶ 杨生平、隋淑芬.思想政治教育研究［M］.北京：首都师范大学出版社，1999.

❷ 马克思恩格斯文集（第一卷）［M］.北京；人民出版社，2009.

❸ 《论语·里仁》

❹ 《论语·子路》

思义"指的是，当人们面对巨大的利益诱惑时，要多进行道义方面的思考。

②取利合义

先贤不仅强调"见利思义"，而且还强调取利合义。孔子说："富与贵，是人之所欲也；不以其道得之，不处也。贫与贱，是人之所恶也；不以其道得之，不去也。"❶这段话的意思是，人们都渴望"富与贵"，采用不正当方法获取的"富与贵"，有德行的君子是不会接受的。孔子说："不义而富且贵，于我如浮云。"由此可以看出孔子强调了取得"富与贵"的正当性与合法性，这也侧面印证了孔子并不反对"利"，只是强调"利"的获得要遵循"义"的标准。孟子说："非其义也，非其道也，禄之以天下，弗顾也；系马千驷，弗视也。非其义也，非其道也，一介不以予人，一介不以取诸人。"❷孟子在这里强调的仍然是取利合义。

要坚持"见利思义"以及"取利合义"，我们就需要反对两种极端思想。第一为用"义"否定"利"。孟子说："何必曰利？亦有仁义而已。"❸在孟子看来，"义"可以取代"利"，这种观点是片面的，因为"义"的存在是建立在一定的功利基础上的，如果完全否定"利"，"义"的含义也将变得抽象、模糊。第二为用"利"否定"义"。在法家看来，追求"名与利"，是"民之性"❹。人与人之间是以功利为目的的。韩非子强调，医生为了救治病人，不顾自身安危的行为，而吮吸病人的伤口，并不是出于人道主义的目的，而是"利所加也"❺。不仅如此，父子之间、夫妇之间也都是"用计算之心相待"的。这种思想将人与人的关系物化为赤裸裸的利益关系，是需要摒弃的。

---

❶ 《论语·里仁》
❷ 《孟子·万章上》
❸ 《孟子·梁惠王上》
❹ 《商君书·算地》
❺ 《韩非子·备内》

（2）中华优秀传统文化的传统诚信观

诚实守信是中华优秀传统文化的重要内容，"诚实是真实无妄，不自欺、不欺人，名实相符。守信是遵守原则，履行承诺，言行如一"❶。诚实守信主要体现为"诚"思想与"信"思想的统一。

"诚"即诚实。《尚书·太甲下》记载"神无常享，享于克诚"。这里的"诚"主要是人们对鬼神的虔诚。《中庸》第二十章说："诚者，天之道也；诚之者，人之道也。诚者，不勉而中，不思而得，从容中道，圣人也。诚之者，择善而固执之者也。""天之道"是诚实的，它四季分明、昼夜更替，无一减差。因此，宋代朱熹说："诚者，真实无妄之谓，天理之本然也。"古人认为，人之"诚"来自"天之道"。因此"诚"是人的天性，它隐藏在人们的心中。《孟子·离娄上》说："是故诚者，天之道也；思诚者，人之道也。"诚是自然规律；追求"诚"是做人的规律。《荀子·不苟》中说："君子养心莫善于诚，至诚则无它事矣。"在荀子看来，养心的最好方法就是达到诚。在周敦颐看来，诚是各种善行的本源，《周子全书·通书·诚下》说："诚，五行之本，百行之源也。"《二程集·河南程氏遗书》卷二十五也从反面论述了"诚"的重要性："学者不可以不诚，不诚无以为善，不诚无以为君子。"《明儒学案》卷九也说："人之诚实做事，自然有始有终；不诚实者，财虽有所为，始勤终怠，所以成不得事。"

"信"即守信，它强调人们要遵守承诺，对人真实无欺。孔子从正反两面突出了"信"的重要性，孔子说"与朋友交，言而有信"❷，这是从伦理的视角，正面论述"信"；孔子还从反面做了论述："人而无信，不知其可也。大车无輗，小车无軏，其何以行之哉？"❸关于"信"古代典籍中的记载还有很多，如《春秋谷

❶ 张岂之．中华优秀传统文化核心理念读本［M］．北京：北京学习出版社，2012.
❷ 《论语·学而》
❸ 《论语·为政》

梁传·僖公二十二年》说:"言之所以为言者,信也。言而无信,何以为言?"认为信是言的最重要方面。《贞观政要·诚信》中说:"夫君能尽礼,臣得竭忠,必在于内外无私,上下相信。上不信,则无以使下,下不信,则无以事上,信之为道大矣。"这里把"信"作为为政之基。孔子还提到要想实现国家的富强,需要满足三个条件:国家粮库内储存着充足的粮食;国家的军事力量强大,有着充足的军备;百姓对国家有信心。如果必须要在这三个条件中去掉一项,那么可以去掉充足的粮食,也可以去掉充足的军备,而百姓对于国家的信心是绝对不能去的,因为"民无信不立"❶。在这里孔子,将"信"提升到了国家安全的高度,如果人民对政府缺乏信心,不在乎国家是否具有公信力,那么国家将不可能持续存在下去。正因为"信"的重要性,"信"也就成了处理人际关系的重要规范。

"诚"与"信"是相互联系、密不可分的,两者都源自"天之道","诚"讲究的是人的内在美,"信"是"诚"的外显。正如朱熹所说:"诚是自然底实,信是入做底实。"(《朱子语类》卷六)早在先秦时期,人民就将诚信二字连接起来,如《管子·枢言》:"先王贵诚信。诚信者,天下之结也。"《荀子·修身》也说:"劳苦之事则争先,饶乐之事则能让,端悫诚信,据守而详,虽困四夷,人莫不任。""诚"与"信"相连、相通的思想也见于其他思想家。东汉的许慎就用诚解"信",他说:"信,诚也,从人,从言,会意。"❷ 王通说:"推之以诚,则不言而信。"❸ 张载说:"诚故信,无私故威。"❹《二程集·河南程氏遗书》卷二十五对"诚""信"互通思想表述得更为清楚:"诚则信矣,信则诚矣。"

诚信是中华优秀传统文化的重要内容,也是处理人际关系的重要规范。

---

❶ 《论语·颜渊》记载:子贡问政。子曰:"足食,足兵,民信之矣。"子贡曰:"必不得已而去,于斯三者何先?"曰:"去兵。"子贡曰:"必不得已而去,于斯二者何先?"曰:"去食。自古皆有死,民无信不立。"

❷ 许慎.说文解字卷三上[M].北京:中华书局,1963.

❸ 《中说·周公》

❹ 《张载集·正蒙·天道》

历史中流传着很多古人诚信的例子，如曾子杀猪、商鞅"立木为信"等，对于曾子、商鞅等坚守诚信的思想，人们大肆宣扬，同时也将失信的例子作为反面典型，进行批判，如周幽王的"烽火戏诸侯"。这说明诚信已然融入中国人的血液中，成为人们的行为准则。

（3）中华优秀传统文化的"刚健有为"思想

"刚健有为"思想体现了一种知难而进、锲而不舍的精神。对于"天"古人有着自己的理解，他们认为"天"的运行自有其规律，人的主观意志无法影响。《荀子·天论》说："天行有常，不为尧成，不为纣亡。"人们应当效仿"天"的运行规律，"天行健，君子以自强不息"（《周易·象传·乾卦》）、"刚健笃实"（《周易·象传·大畜》）。

孔子曾说："譬如为山，未成一篑，止，吾止也。譬如平地，虽复一篑，进，吾往也。"❶孔子主要强调，人们要有自强不息的精神。荀子也主张人们要"积土成山""积水成渊"❷。

墨家的学说中也有关于知难而进、锲而不舍地论述。针对执有命者所言"命富则富，命贫则贫，命众则众，命寡则寡……"❸等命定论思想，墨家进行了批判，指出："命者，暴王所作，穷人所述，非仁者之言也。"❹在此基础上，墨子提出了"非命"的思想，指出要以"强"代替命定论思想，"强"就是要"强力从事"，也就是"赖其力者生，不依赖其力者不生"❺。

"刚健有为"并非仅仅体现在理论的思辨中，还存在于实践中。墨子虽出身贫寒，但据"史书载墨子为救天下奔走，以致坐'无暖席'，灶'突不黔'，意即

❶《论语·子罕》
❷《荀子·劝学》
❸《墨子·非命上》
❹《墨子·非命下》
❺《墨子·非乐上》

席子做不暖，烟囱来不及熏黑就走"❶。墨子虽"自苦"至极，但其救世思想却终身未改，甚至有时需要冒着生命危险。因此，墨子也被后人称为"摩顶放踵，利天下为之"。

三、中华优秀传统文化与高校育人文化融合实践路径

（一）传统与时代相融合，赋予文化育人新的内容

传统文化并不是完美无缺的，我们在传承传统文化的过程中要秉持着扬弃的观念，要与时俱进，为了更好地适应时代发展的需要要做到以下几点：第一，深刻意识到传统文化在高校教育中的积极作用，构建优秀传统文化教学资源库，将学生认识度高、认同感强的传统文化知识纳入文化教材建设中，增强课程的吸引力。第二，开展传统文化教育时要坚持思想引领的原则，根据教学需要对传统文化进行创新和优化，选择合适的教学模式，丰富教学内容。第三，在教学过程中要以学生为主体，以提高学生的人文修养为教学目标，合理安排教学时间，注重学生精神熏陶。第四，充分发挥现代信息技术的优势，使传统文化以时尚有趣的形象进入教学中，点燃学生对中华悠久文化、厚重历史的热情，增强文化育人实效。

（二）教学与实践相融合，搭建文化育人多维平台

高校要通过搭建多维育人平台，形成文化育人合力：一是完善高校文化育人教学平台，以学生人格健全为导向，根据学校的师资力量开设相应的传统文化类的必修课和选修课。要求大一、大二学生必须参加传统文化的学习；大三、大四的学生根据自身兴趣，选择性地学习传统文化知识。传统文化课的开设要根据专业的特点实施分类教学，将传统文化的学习同学生未来可能从事的行业结合起

---

❶ 孙中原. 墨学与现代文化［M］. 北京：中国广播电视出版社，1994.

来，使传统文化内化为学生的职业准则。二是创新课程教育机制，以国家课程为指导纲要，完善校本课程，构建融合课堂，加强同优秀院校间的交流与合作，借鉴国内外传统文化传承的经验，构建以传统文化为内在驱动力的课程体系，加强传统文化的宣传，定期组织中华优秀文化艺术传承实践活动，鼓励学生开办书画社、戏曲社等传统文化社团，注重挖掘传统节日中的教育元素，注重校园文化建设，营造浓郁的传统文化艺术氛围。三是加强校企合作，依托校内和校外实训基地，搭建传统文化实践平台，将传统文化教育与优秀班集体活动有机结合，孵化传统文化创新创业类项目，引导学生参与制作和营销传统文化创意产品，通过举办传统文化讲坛、工匠精神进校园等活动，激发学生对传统文化的兴趣，提升学生文化素养。

（三）硬环境与软环境相融合，营造文化育人浓厚氛围

学校环境包括硬环境和软环境两个方面。硬环境主要指学校内的硬件设施，如教学楼、操场、运动器材等；软环境主要指人文环境，包括校风校训、文化氛围等。在硬环境建设上要充分发挥校园的文化育人功能，通过校园宣传橱窗、传统文化角、书法长廊等多种形式传播优秀传统文化。在软环境建设方面，制定学生行为准则与道德标准，引导学生树立正确的三观。

第二节　发扬和铭记革命文化

中国共产党领导中国人民在光辉奋斗的历程中成就了可歌可泣的革命事业，孕育了伟大的革命文化。很多人对"革命文化"的内涵并不是很了解，以为"革命文化"与"红色文化"是一回事，这说明了人们对"革命文化"理解得不够，实际上"革命文化"是中国优秀文化的重要组成部分，对于中国特色社会主义的建设有着积极的推动作用。当代大学生只有对革命文化有着深刻且全面的认识，才能吸取其中的精髓，从而内化为自身的精神力量。

一、革命文化的内涵

革命并不是现代人创造的词汇，早在先秦时期古人们就对革命进行了解释，《周易·革卦·彖传》中谈到："天地革而四时成，汤武革命，顺乎天而应乎人。"古人们认为天子承受天命，成为人间的帝王，凡是朝代更替就是变革天命，这就叫作革命。后来，革命这个词的使用范围不断地扩大，不仅表示政治意义上的朝代更迭，而且还可以表示社会层面上的重大革新。近代，各种社会思潮不断涌现，特别是日本主流思想的流传，赋予了革命新的意义。日本明治维新时期的学者认为革命和维新的意义相近，侧重点应在社会改良方面。马克思也对革命进行了相关的论述，他认为革命是阶级矛盾和社会矛盾激化的产物。在阶级社会中存在着统治阶级和被统治阶级，统治阶级凭借着国家权力掌握了社会中的大部分财富，处于社会的上层，为了保障自身的财富和地位，他们对被统治阶级进行剥削和压榨，当被统治阶级的不满情绪累积到一定程度，就会产生阶级冲突和对抗，进步阶级就会通过武装暴力达到变革社会制度的目的，从而发展成政治革命。毛泽东说："革命是暴动，是一个阶级推翻一个阶级的暴烈行动。"革命的内涵是丰富的，可以归纳为如下几点：首先，在封建社会，革命意味着朝代的变迁，君主的更替；其次，革命是一种政治上的暴力行为，是阶级矛盾激化到一定程度后的行动；最后，社会上的重大革新和改革也可以称之为革命。

关于文化，中国古人也有着自己独到的见解。最初古人以为"文"与"化"是两个词。我国最早论述"文"的古籍是《易经》，《易·系辞下》有这样一句话："物相杂，故曰文。""文"在这里的意思是指阴阳两类的爻相交错形成《易》卦之文。《礼记·乐记》也有关于"文"的记载："五色成文而不乱。"《说文解字》

称:"文,错画也,像交叉。"由此可知"文"的本义即各色交错的纹理。"文化"一词的出现可追溯到战国末年的《易·贲卦·象传》:"刚柔交错,天文也。文明以止,人文也。观乎天文,以察时变;观乎人文,以化成天下。"在这里将天道自然和人文进行了对比,指出天道自然根据时令而变化,人文化成天下,进一步丰富了以文教化的含义。随着社会的不断进步,"文化"的外延在逐步扩大,引申为一种社会、历史现象,既包括物质财富,也包括精神财富。

在中国的古代典籍中,"革命"和"文化"是两个单独的词汇,没有任何的联系。它们两个作为统一的概念出现是在近代,尤以毛泽东的解释最具代表性,他做出了这样的阐述"民族的科学的大众的文化,就是人民大众反帝反封建的文化,就是新民主主义的文化,就是中华民族的新文化""在新民主主义革命时期,革命文化指的就是新民主主义的文化。"由此可知,革命文化是中国人民在长期革命实践的基础上,融合中外文化中的精髓,从而形成的一种优秀文化。

综上所述,革命文化有着以下几方面的内涵:首先,革命文化是植根于中国土壤中的特有文化,是带有中华民族特性的文化。其次,革命文化的对象是全体中国人民,在中国共产党的领导下,以马克思主义为指导思想。最后,革命文化包括物质文化和非物质文化两个方面。其中物质文化指的是革命遗址和革命纪念馆等;非物质文化指的是革命精神,如二万五千里长征所形成的不怕牺牲、勇往直前的长征精神,国民革命时期形成的不屈不挠、积极进取的井冈山精神,抗日战争时期形成的自力更生、艰苦奋斗的延安精神,等等。可以说,革命文化是中国人民在中国共产党的带领下,建立民主国家的过程中所形成的特殊文化形态,以马克思主义革命理论为指导思想,结合中国的革命实际,包括革命理想信念、革命斗志、革命情怀、革命风范在内的一系列内容,具有突出的斗争色彩、牺牲色彩、奉献色彩、无畏色彩。中华人民共和国成立过程中的红船精神、苏区精神、西柏坡精神等红色精神是革命文化的重要组成部分。

二、新时代大学生革命文化教育的基本内容

大学生革命文化教育内容是指教育者依据社会发展的需要向大学生灌输符合一定阶级要求的信息总和，信息的灌输具有严明的组织性和明确的目的性。对于革命文化的划分标准和构成要素，目前学术界并没有统一的观点。有的学者❶认为革命文化的基本内容包括四个方面，有的学者❷认为包括八个方面，无论是哪种分类标准，都没有原则的分歧。学者们一致认同革命文化是一种观念形态的文化，是党和人民在长期的革命实践中形成的一种特定的文化景观，要想贯彻落实革命文化教育目标就必须科学把握革命文化教育的基本内容。文化的价值在于能够潜移默化地影响人的人生观和价值观，在高等院校内实施革命文化教育的目的在于引导大学生树立正确的精神价值追求。大学生革命文化教育的基本内容包括革命历史教育、革命理想教育、革命传统教育、革命精神教育，这四个方面相互联系、相互作用，融于大学生革命文化教育的具体实践。

（一）革命历史教育

"历史是民族认同得以形成的最重要的教育手段。"❸革命历史教育是革命文化教育的现实土壤，对大学生进行革命文化教育首先要进行革命历史教育。

1. 革命历史进程教育

教育者在向大学生传授革命进程教育内容时要注意以下方面：

---

❶　李东朗认为革命文化的主要内容包括四个方面：以马克思主义为指导的革命思想；中国革命的理论、路线、方针政策；辉煌的革命业绩和不朽的革命精神；革命文物和文学艺术作品。参见李东朗. 革命文化是党和人民宝贵的精神财富［J］. 人民论坛，2017（17）.

❷　雷家军从比较宽泛的意义上看，认为革命文化包括以下八个方面：革命理论建设；革命思想道德；革命文化队伍；革命文学艺术；革命舆论宣传；革命精神培育承继；革命历史遗存保护；革命文化产业发展。参见雷家军. 中国近现代革命文化基本问题研究［D］. 博士学位论文，东北师范大学，2009.

❸　黄宗智. 中国研究的范式问题讨论［M］. 北京：社会科学文献出版社，2003.

　　第一，教育引导大学生把握中国革命历史的形成和发展背景。中国的近代史是中国人民的抗争史。以英美为代表的帝国主义以鸦片和坚船利炮为武器打开中国的大门，并将中国当作了他们的原料产地和产品倾销市场，疯狂地榨取中国的财富。面对帝国主义的疯狂侵略和掠夺，清政府无力招架，签订了一系列丧权辱国的不平等条约，国家的领土被帝国主义侵占，中国的主权也在逐步丧失，破碎的山河、生活日趋贫苦的人民使无数仁人志士开始思考中国的出路，救亡图存成为他们不懈奋斗的源泉和动力。探索国家独立和人民解放的革命道路成为近代中国的时代课题。对于中国未来应该朝着哪个方向发展，不同的阶层有着不同的回答，但是不管是农民阶层的太平天国运动还是以康有为、梁启超为代表的资产阶级改良，抑或是在孙中山领导下的资产阶级革命都无法使中国摆脱屈辱挨打的困难历史，最终纷纷走向了失败。实践证明，只有通过正确的革命道路才能实现国家政治上的独立，先进的思想指导是进行改革道路的关键，才是改变中国性质的出路。五四运动后，马克思主义"这为世界改造原动的学说"❶迎合了无产阶级革命的需要，使中国革命展现出新的生机和力量。中国共产党的成立给中国人民带来了希望，在中国共产党的领导下，中国人民完成了新民主主义革命，建立了主权完整的国家，改变了近代以来中国内忧外患的悲惨境遇，人民的权益得到了保障。在……成立后，党团结社会各阶层，完成了社会主义和改革开放的伟大社会革……学生进行革命文化教育时要着重介绍中国革命历史的形成和发展背景，使他们对中国共产党领导下的中国革命、新中国的建设等伟大事业有清晰明确的认识，深刻理解人民群众在中国共产党的团结带领下将改革的伟大事业不断推向前进的光辉历史篇章。

　　第二，教育引导大学生把握中国革命历史的发展脉络和主线。历史的学习是一项长期而艰巨的任务，要想真正地学好历史就必须对中国革命历史发展的主线

❶ 李大钊全集（第3卷）［M］.北京：人民出版社，2006.

和本质有着正确的把握，这是知史学史的关键。在开展大学生历史教育时要时刻把握"革命"这一基本基调，以重大历史事件为切入点，不仅要给学生解释当时的政治、经济、文化等历史发展背景，更要向学生阐述重大历史事件的意义，通过对重大历史事件发展脉络的讲解，使大学生充分认识到重大历史事件和转折对于中国革命、建设和改革发展的推动作用。革命文化教育要以马克思主义为指导思想，要对鸦片战争以后近代中国的演进过程有着深刻的理解，明白帝国主义和封建主义是阻碍中国建立民主国家的最大阻碍，中国人民的基本任务就是推翻帝国主义和封建主义，为了使中国挣脱帝国主义和封建主义的压迫和剥削，各种政治力量在救国方案中进行了多种尝试，涌现出大批抛头颅、洒热血的进步人士，使大学生在重温辉煌的革命历史中体悟到只有中国共产党才能带领人民群众建立民主自由的国家，只有社会主义才能发展中国的伟大真理。在对大学生进行革命文化教育时要注重培养他们的历史观，使他们在掌握国史、国情、国策的基础上，能以历史唯物主义的眼光来看待中国历史的发展，加深对革命历史发展脉络、主线的认识。党的十八大以来，对于中国近代史和中共党史的学习，习近平给予了高度的重视"要具有历史意识和文化自觉"❶。大学生学习中国革命历史不仅有助于加深他们对近现代中国国情和社会发展规律的认识，而且对于坚定大学生的理想信念、促使他们接受精神洗礼有着重要意义。

第三，教育引导大学生正确认识中国革命经历的困境和挑战。革命的道路不是一帆风顺的，中国人民在中国共产党的带领下迎来了胜利的曙光，取得了举世瞩目的成就，这份成就背后熔铸的是中国人民的汗水、鲜血甚至是生命。历史是最好的教科书。对大学生进行革命文化教育既要引导他们看到中国共产党在革命和建设的进程中遭遇的困难和曲折，从辩证唯物主义的角度出发分析造成失误的原因，又要让他们看到面对困难时，中国共产党不是退缩和沉沦，而是不畏艰

---

❶ 习近平，领导干部要读点历史［N］.人民日报，2011-09-02（4）.

险、迎难而上，苦难磨砺了中国共产党的意志，使他们越挫越勇，最终推动党的事业不断向前发展。

2.革命历史经验和历史价值教育

自 1921 年中国共产党成立之日起，争取民族独立和人民解放就是党不变的主题。在同各种反动势力斗争的历史进程中，中国共产党经历了刻骨铭心的磨难，同时也创造了彪炳史册的业绩。

第一，教育引导大学生把握以马克思主义为指导的革命思想。不管是在新民主主义革命时期还是社会主义建设、改革开放时期，中国共产党始终坚持马克思主义不动摇。1921 年中共一大通过的《中国共产党纲领》中就明确地提出了中国革命的指导思想是马克思主义，中国共产党的奋斗目标是用无产阶级的军队推翻资产阶级政权，最终实现共产主义。中国共产党在领导人民长期的革命斗争实践中充分认识到"马克思列宁主义和中国革命的关系，就是箭和靶的关系" ❶，只有对准靶放箭才能做到有的放矢。对于马克思主义的学习，中国共产党并不是原封不动地照搬，而是将马克思主义与中国革命、建设实践结合起来，形成了具有中国特色的思想理论。

"为什么我们过去能在非常困难的情况下奋斗出来，战胜千难万险使革命胜利呢？就是因为我们有理想，有马克思主义信念，有共产主义信念。"❷实践证明，只要我们从中国的国情出发，使马克思主义的科学理论与中国具体的革命实际结合起来，中国革命和建设就会取得成功。反之，如果我们一味地将马克思主义科学理论当成永恒不变的真理，不注重调查研究国情，将马克思主义教条化，那么中国的革命和建设就会遭遇困境。因此，在大学生中开展革命文化教育最紧迫且核心的内容是开展马克思主义科学理论教育，引导大学生树立崇高的共产主义理

❶ 毛泽东选集（第 2 卷）[M].北京：人民出版社，1991.
❷ 邓小平文选（第 3 卷）[M].北京：人民出版社，1993.

想，支持大学生为建设中国特色社会主义贡献自己的力量，为中华民族的伟大复兴而不懈奋斗。

第二，教育引导大学生深刻总结和运用历史经验和智慧。以史为鉴，可以知兴替。从历史中吸取经验教训可以说是中华民族的优良传统。历史是前人的"百科全书"。毛泽东非常重视学习和运用历史经验，他曾指出："从孔夫子到孙中山，我们应当给以总结，承继这一份珍贵的遗产。"❶ 英国著名哲学家、逻辑学家、历史学家罗素在《论历史》指出，历史"把当前联系到过去，从而也就把未来联系到当前；它使得各个民族的成长和伟大，成为活生生的、历历可见的东西"❷。中国革命史承载着中华民族在历史进程中形成的民族文化和民族精神，在学习历史知识时，要对中国革命进程中的经验进行反思和总结，明白"落后就要挨打"的深刻哲学道理，从而懂得国家的繁荣强盛是民族发展和人民幸福的前提和基础，一个国家和民族只有不断创新发展，才能使国家的主权不被侵犯，人民的生命财产安全才能得到保障，国家越强大，人民的民族自尊心和自豪感也会越发的强烈。"历史上写着中国的灵魂，指示着将来的命运。"❸ 江泽民曾指出："一个民族如果忘记了自己的历史，就不可能深刻地了解现在和正确地走向未来。"❹ 大学生承担着建设未来社会的重任，大学生的思想观念和价值取向直接影响着国家未来的发展方向，因此加强大学生革命文化教育可谓重中之重。

第三，教育引导大学生认识和牢记中国革命的伟大成就和历史价值。第一次工业革命后，以英国为首的资本国家凭借着先进的技术和武器开始了征服世界的步伐，当时的中国处于清政府的统治，社会制度腐败，经济技术落后却又以天朝

---

❶ 毛泽东选集（第 2 卷）［M］.北京：人民出版社，1991.
❷ ［英］罗素.论历史［M］.何兆武，肖巍，张文杰，译.南宁：广西师范大学出版社，2001.
❸ 鲁迅全集（第 3 卷）［M］.北京：人民文学出版社，1956.
❹ 中共中央文献研究室.十四大以来重要文献选编（下）［M］.北京：人民出版社，1999.

大国自居，实行闭关锁国。面对着英国的侵略与欺凌，清政府无力抵抗，只能签订《南京条约》来换取短暂的安宁。之后法国、俄国、美国等资本主义国家也纷纷强迫中国签订了一系列不平等条约，中国的主权遭到了破坏，领土也被列强以租借的名义强行占有。第二次工业革命后，资本主义国家进入了帝国主义阶段，掠夺中国的步伐不断加剧，中国半殖民地半封建社会的程度不断加深，给中华民族带来了无尽的屈辱和灾难。落后就要挨打，承受着帝国主义和封建主义双重压迫的先进分子开始了救亡图存的革命斗争及道路的探索，但最终纷纷走向失败。中国共产党代表着工人阶级和农民阶级的利益，为了维护主权的完整，中国共产党指挥了一系列工人运动和农民运动，正是由于一代又一代中国共产党人竭尽全力的奋战和艰苦卓绝的抗争，中国才取得了新民主主义革命的胜利，中华民族才挺起了民族的脊梁。新中国成立后，中国共产党又依靠人民的力量，完成了社会主义革命，建立了社会主义基本制度。改革开放同样是中国共产党依靠人民，以经济建设为中心开创的中国特色社会主义的新局面。大学生要牢记革命前辈的英勇事迹，传承前辈共产党人的红色基因。

3. 革命英雄教育

革命历史教育最大的精神功用在于培育民族精神、增强民族自信、唤醒民族觉醒，是"实行民族主义的历史教育以期达到复兴民族之标的"❶。在历史的进程中熠熠闪光的英雄人物正是民族精神的典范，也是开展大学生革命历史教育最生动的教材。因此，在开展革命历史教育时要着重宣扬革命英雄的光辉事迹，使革命英雄成为大学生的榜样，借助榜样的力量来规范大学生的行为，以革命英雄的人格魅力来感化大学生。马克思指出："每一个社会时代都需要有自己的伟大人

❶　宋念慈. 民族主义的历史教育论［J］. 浙江省中等教育研究会季刊，1936（05）：45-52.

物，如果没有这样的人物，它就要创造出这样的人物来。"❶回顾历史，正是因为有着不惧牺牲、百折不挠的革命英雄引领，中国人民才能凝聚在一起以血肉之躯对抗着各种反动势力的压迫，建立了新中国。不管面对怎样的挫折和困境，革命英雄都以拼搏奋斗的精神推动了历史的进步，而他们身上的道德品质和精神光芒更是铸就民族精神不朽丰碑的基石。习近平指出："崇尚英雄才会产生英雄，争做英雄才能英雄辈出。"❷英雄是时代的火种。任何一个国家和民族如果没有崇敬的英雄，那么这个国家和民族也是没有希望的。我国历来有着崇尚英雄的传统，新中国成立后建立了革命纪念碑以缅怀先烈，党的十八大后，我国出台了《中华人民共和国英雄烈士保护法》，以法律的形式捍卫着英雄的尊严。进入21世纪，党和国家站在了新的历史起点，实现中华民族的伟大复兴成为全体中国人民的共同心愿，承担重任的大学生要以更高的标准来要求自己，要将革命英雄作为自己的榜样，学习革命英雄不畏艰辛、勇于拼搏的精神，将革命英雄的精神根植到思想中。

革命英雄是新时代鲜活的价值观，社会主义核心价值观则是新时代大学生的行动准则，接受革命教育对于大学生践行社会主义核心价值观具有积极意义。为了实现国家的独立和民族的解放，中国人民掀起了轰轰烈烈的革命运动，涌现出一大批革命英雄，如张自忠、左权、杨靖宇等。这些革命英雄在血与火、生与死的考验中深刻诠释了伟大的民族气节。在大学生中开展革命文化教育时要注重挖掘革命的英雄事迹，以传达革命英雄崇高的精神为己任，特别是革命英雄身上的爱国情怀、浩然正气等具有鲜明时代特色的精神更要深入探究，从而使英雄精神成为大学生努力奋斗的精神源泉，进而树立起为实现祖国的繁荣昌盛而坚持不懈

---

❶ 马克思恩格斯选集（第1卷）[M].北京：人民出版社，1972.
❷ 习近平.在国家勋章和国家荣誉称号颁授仪式上的讲话[N].人民日报，2019-9-30（02）.

的理想和信念。

　　生活于和平年代的大学生对于革命英雄的生平了解得并不太多，对于革命英雄身上的崇高品格认识也不够深入，为了落实革命英雄教育工作需要做到以下两个方面：一是讲好革命英雄故事。要深入剖析革命英雄成长经历，真实而完整地再现革命英雄的感人事迹，通过对革命英雄的纪念和缅怀来唤醒国家和民族的集体记忆，从而推动中华民族不断前行。说好革命英雄故事并不是件简单的事，需要讲述者用心去体味革命英雄的心路历程，以充沛的情感传达给大学生，既要有态度，又要有温度。以往在进行革命英雄教育时，教育者有时会过分拔高革命英雄的形象，将革命英雄贴上"圣人"的标签，这种教育方式会使大学生觉得革命英雄高山仰止，难以接近，从而无法引起情感共鸣，也就使得大学生无法领悟到他们身上伟大的革命精神。为了提高教育质量，讲述者在讲革命英雄故事时要以引导为主，尽量减少说教，结合时代发展变化，从大学生成长需求出发，多贴近少拔高，真实地呈现革命英雄的喜怒哀乐，使大学生感受到可敬、可爱的一面。同时要创新传播话语，积极利用网络和新媒体传播技术，使革命英雄故事更加具体化、形象化。

　　二是自觉同各种恶搞、侮辱英雄的错误言行做斗争。互联网时代，人们既是信息的接受者又是信息的传播者，任何人都可以借助网络来表达自己的观点。在网络中既可以看到传播正能量、歌颂人间大爱的言论，也有少部分人为了哗众取宠，打着"历史揭秘""还原真相"的旗号，编造各种不实言论。这种曲解历史的行为，不仅是对革命英雄伟大精神的亵渎，而且导致部分不明真相的群众误以为这些言论是真实的，从而对于历史产生错误认知，导致民族自豪感和自信心的缺失。"一个有希望的民族不能没有英雄，一个有前途的国家不能没有先锋。"❶因此，

---

❶　习近平.在颁发"中国人民抗日战争胜利70周年"纪念章仪式上的讲话［N］.人民日报，2015-9-3（02）.

新时代的大学生要通过教师讲授、去图书馆查阅资料、亲自去革命圣地参观了解英雄事迹等形式，多角度、多途径地深入研究英雄形象，对于诋毁英雄的错误言行，进行坚决的打击，自觉维护民族尊严，使英雄精神内化为自身的道德品质。

（二）革命理想教育

革命理想是中国共产党人的政治灵魂，主要包括共产主义理想教育和中国特色社会主义共同理想教育。

1. 共产主义远大理想教育

马克思恩格斯运用科学的世界观和方法论，对历史的发展轨迹进行了缜密的研究，对于历史中的各种阶级矛盾，如奴隶社会中奴隶和奴隶主的矛盾、封建社会中农民阶级和地主阶级间的矛盾、资本主义社会中工人阶级和资本家的矛盾，进行了深入的剖析，着重探究了资本主义社会的演变进程。马克思科学理论指出，资本主义社会的本质就是资本家从工人阶级身上榨取剩余价值，剥削和压榨才是资本主义社会得以运行的根本动力，社会是沿着一定的历史规律来发展的，封建社会取代奴隶社会是历史发展的必然，资本主义社会取代封建社会也是历史的必然，资本主义社会的运行机制也是有一定缺陷的，最终必然会被共产主义所取代，共产主义社会才是人类历史发展的必然趋势。共产主义不仅是马克思恩格斯提出的一种理论，也是实现这种制度的政治运动。革命战争年代，中国共产党人就是靠着坚定的共产主义革命理想，在井冈山建立了苏维埃政权，走完了长征路，领导人民建立了抗日统一战线，实现了新民主主义革命的胜利。新中国成立后，开展社会主义建设成为头等大事，党和人民自觉将革命理想化身为社会主义建设的动力，仅用几年时间就建设了一大批重工业基地，实现了社会主义国家的初步工业化，社会主义在探索中不断前行。改革开放后，发展经济、满足人们日益增长的物质需求成为主要任务，面对着国际形势的剧烈变动，中国共产党人始终坚持革命理想高于天的坚定信念，推动了中国特色社会主义取得了巨大成就。

以革命文化滋养大学生要积极引导他们树立坚定的共产主义理想。中华民族是一个创造出璀璨文明的民族，实现中华民族伟大复兴是全体中国人民的共同愿景。大学生是否有坚定的信仰、能否脚踏实地践行中华民族伟大复兴直接决定着国家和民族未来能否健康的发展，在这个特殊的时代，大学生只有不忘初心、始终坚持共产主义，才能在困难和挫折面前不迷茫、不沉沦，不畏艰难，奋勇拼搏。中国特色社会主义进入新时代，实现中华民族伟大复兴的梦想需要全体人民的共同努力才能实现。

对大学生进行共产主义理想教育，关键要做到以下几点：一是加强马克思主义理论的学习。即使是在艰苦的革命岁月，中国共产党也从未放松过对马克思主义理论的学习，中国共产党不仅自身学习马克思、恩格斯、列宁等的经典著作，还向普通民众传播马克思主义理论，使人们认识到人类社会发展的基本规律和共产主义的历史必然性。形式多样的马克思主义理论的学习，不仅增强了共产党员的理论水平和阶级觉悟，而且提升了他们抵御错误思想的能力。解放战争前夕，党中央要求"各级领导干部认真地读书，认真地学习理论"❶。为此党中央创办了各级党校，组织党员干部进入党校学习马克思主义的科学理论。为了使广大的党员和干部都能深刻理解马克思主义理论，党中央还在解放区设立了专门印制马列经典著作译本的出版机构，邀请马列方面的专家对经典著作进行翻译。大量发行的马列经典著作极大鼓舞了人们的信念，使党员干部为共产主义奋斗的决心更加的坚定，从而为人民解放战争的胜利打下了坚实基础。网络环境下的思想更加多样化，面对各种意识形态的冲击，很多大学生不知该何去何从，因此在大学生中加强马克思主义理论学习是十分有必要的，可以帮助大学生有效

---

❶　中共中央文件选集（第 17 册）［M］.北京：中央党史出版社，1991.

抵御不良思想的侵袭，进而引导大学生构建正确的人生观、价值观。二是要关注社会现实和大学生思想实际。共产主义理想教育的贯彻实施并不只是要求人们了解书本中关于马克思主义理论的知识，而是要求人们将共产主义理想作为日常行为的指导思想，知行合一，落实到具体的行动中。因此开展共产主义理想教育时，要立足于大学生未来发展的人生规划，从新时代大学生个体化、差异化的特点着手，针对社会思潮，及时调整教育方法，在教育过程中做到有的放矢。

2. 中国特色社会主义共同理想教育

理想信念是一个内涵深远的词汇，无论是对个人还是国家和民族都有着重要意义。对于个人而言，它是一个人精神世界的内核，是个人价值取向的最高准则。上升到国家层面，理想信念则是一个国家和民族发展壮大的驱动力。当今时代，坚定共产主义远大理想就是要体现、落实在坚定中国特色社会主义共同理想上。中国共产党是中国无产阶级的代表，表达了包括工人、农民在内的广大无产阶级的利益，而中国特色社会主义共同理想集中代表了我国工人、农民、知识分子和其他劳动者的共同利益和愿望。党的十八大以来，习近平用精神之钙比喻理想信念，反复论述理想信念的重要性，他指出："没有一大批具有坚定共产主义理想的中华儿女，就没有中国共产党，也就没有新中国，更没有今天我国的发展进步。"❶ 新时代，愈加复杂的国际形势告诉我们，国家是人民坚定的后盾，只有国家繁荣昌盛，人民才能拥有安定平静的生活；唯有国家有着强劲的军事和经济力量，在国际中拥有一定的话语权，人民才能有着更加广阔的未来。面对日益激烈的国际竞争，我们必须坚定中国特色社会主义共同理想，坚信只有在中国共产党的领导下，才能实现经济的腾飞和社会的全面进步。

---

❶ 李章军.人民有信仰民族有希望国家有力量锲而不舍抓好社会主义精神文明建设[N].人民日报，2015-3-1.

改革开放后中国社会呈现了日新月异的变化，人民的生活水平不断提高，但由此引发的城乡矛盾、贫富差距等社会问题也是层出不穷。相较于成效斐然的物质文明建设，精神文明建设就有些滞后了，拜金主义、享乐主义等不良思潮开始出现。因此在对大学生进行思想教育时要引导他们对中国特色社会主义的理论认同、道路认同，从而使他们坚定中国特色社会主义共同理想。

每一个时代都有自己的主题，21世纪中国的主题就是奋斗，新时代大学生要想在这个时代绽放出属于自己的光彩，就必须树立起与这个时代同心同向的坚定理想，自觉将自己对未来憧憬的美好理想融入国家发展和民族兴旺的共同理想中。个人是社会的一分子，只有每一个分子都自觉地将自身的理想同国家、民族的理想融合起来，为实现国家和民族的理想而奋勇拼搏，国家和民族才会有未来，中华民族实现伟大复兴的理想才能有实现的现实基础。为了实现中国梦需要做到以下两个方面：一是大学生要意识到新时代赋予年轻人的责任，牢牢把握住这个大有作为的历史机遇，认真学习新知识和新技能，以开阔的胸襟和勇于奋进的精神迎接新时代。大学生要注重培养自身的创新能力和自主学习能力，树立终身学习的理念。新时代的广阔空间是大学生搏击青春的舞台。针对培育担当民族复兴大任的时代新人，习近平在2018年全国教育大会上提到多个关键词，如"奋斗""理想""奉献""创新""道德"等，充分体现了党和国家对青年成长成才的殷切期待。二是大学生要自觉将个人理想融入中国特色社会主义的伟大实践中。只有这样个人对于未来美好生活的愿景才能更加坚定，也才能成就更有意义、更有价值的人生。革命文化在中国新民主主义革命和社会主义建设中都发挥了重要作用，是中国人民开展新民主主义革命和进行社会主义革命的精神动力。革命文化中的内涵在新时期依然拥有着强大的精神力量，是涵育时代新人的精神养分。新时代大学生要以革命英雄作为人生的表率和楷模，从革命领袖的事迹中汲取营养，学习革命先烈为了实现共产主义理想和信仰而奋斗和献身的高尚精神，将始终维护国家和人民的利益作为自己的人生追求，在实现中华民族伟大复兴的道路上不忘初心、不断战斗。

（三）革命精神教育

革命精神隶属于革命文化的范畴，是中国共产党人在长期革命实践中凝结的核心价值，包括政治觉悟、意志品质、价值信仰等优良的革命传统和革命风范，是中华民族弥足珍贵的精神财富。由于划分标准的不同，革命精神也有着不同的分类，如按照区域划分，可分为井冈山精神、西柏坡精神等；按照先进人物划分可分为雷锋精神、焦裕禄精神等。尽管这些革命精神所产生的时空条件不同，所蕴含的内涵特征也各有差异，但中国革命精神的基本内核和共同价值追求是一致的，它们共同构筑了中国革命精神谱系。大学生作为中国社会未来的建设者和接班人，对他们进行革命文化教育时，要对革命先辈的具体事迹进行归纳总结，提炼出具有丰富意义的革命精神，深入挖掘革命精神的内涵，注重革命精神与时代发展的有机结合，使大学生积极主动地接受革命文化知识，并内化为自身奋斗的精神支柱。

1. 对党忠诚的教育

萌芽于半殖民地半封建社会中的中国共产党带领人民进行了艰苦卓绝的反帝反封建斗争，在经历了无数的曲折和磨难后，领导着中国在世界舞台上不断进取、奋发向上。中国所取得的举世瞩目的成就与中国共产党人始终保持对党组织和党的事业的绝对忠诚有着很大的关系。中国共产党党章有着明确的规定，要求每个共产党员都要对党忠诚，这是他们的基本义务也是中国共产党党员党性与作风的根本标尺。对党忠诚在不同时代有着不同的内涵，在革命战争时代，社会的主要矛盾是人民同帝国主义和封建主义的矛盾，革命的目标是反帝反封建，建立民主国家，这一时期中国共产党人对党的忠诚具体表现在永不叛党以及为赢得革命胜利奋不顾身的热忱。新中国成立后，中国共产党成为执政党，对党忠诚有了新的时代内涵，不仅要求共产党员在组织形式上永远不会背叛党，还要求他们在思想和意识上要与时俱进，理解和贯彻党的方针政策。中国特色社会主义进入新时代，对党忠诚面临着许多严峻挑战。习近平指出："对党绝对忠诚要害在'绝对'两个字，就是唯一的、彻底的、无条件的、不掺任何杂质的、没有任何水分的忠诚。"❶ 新时代，党中央提出了从严治党的战略方针，倡导在全党范围内开展共产党员的忠诚教育，并将忠诚作为共产党员最基本、最重要的价值取向。忠诚教育的开展使全体共产党员的精神受到了洗礼，更加坚定了忠诚于共产主义信仰、忠诚于人民的信念。

新时代大学生党员作为党的事业发展壮大的生力军和后备军，是未来社会主义建设的中流砥柱。对大学生党员进行党的忠诚教育有着重要的现实意义，一方面可以帮助他们坚定信仰，使他们对于中国共产党的发展史有着更加清晰的认识，从而促进他们在政治上的成长；另一方面也有助于他们纪律观念和责任意识的培养。对党忠诚是中国共产党人最纯真的红色基因和政治品格，也是中国共产党人对党组织的庄严承诺。对党忠诚并不是一句空洞的口号，它需要具体的行动作为支撑。面对敌人铡刀的威胁，刘胡兰践行了对党忠诚的誓言，高呼着"中国共产党万岁"，从容赴死。北伐战争时，叶挺将军带领着独立团怀着对党的绝对忠诚和热爱不畏艰辛，英勇作战。大学生党员对党忠诚的践行要落实到具体而实在的行动中，要将捍卫党的荣誉和利益作为追求目标和最高标准。

革命文化承载着共产党人的忠诚品格，是对新时代大学生党员进行忠诚教育的重要文化资源。

（1）要在理论学习中升华忠诚。对党忠诚是没有任何附加条件的，必须真心诚意，容不得半点虚假。忠诚教育的内核是使大学生在思想上形成对忠诚品格的

---

❶　十八大以来重要文献选编（中）［M］.北京：中央文献出版社，2016.

理性认知，这样当党内出现伪忠诚或者不忠诚现象时，他们能够准确地识别并快速划清界限。习近平指出："认真学习马克思主义理论，是我们做好一切工作的看家本领。"❶ 因此，要坚决做好革命文化的教育工作，以马克思主义理论来武装大学生党员，进而夯实忠诚教育的思想基础。通过开展马克思主义理论讲座、辩论等活动来引导大学生学习马克思主义经典著作，尤其要深刻学习习近平新时代中国特色社会主义思想，对马克思主义理论的学习不仅能够提升大学生党员的理论水平、增强他们的理论认同，而且可以使他们感受到共产党人对党的无限忠诚，进而提升党性修养。

（2）要在实践锻炼中锻造忠诚。对党忠诚不能是仅仅停留在口头的呼吁和文字表达上，而是从自身做起，贯彻到平常的学习和生活中。因此忠诚教育必须重视实践体验，要从大学生的日常生活出发，比如在雷锋活动月开展主题教育活动，清明节组织大学生党员去烈士陵园扫墓，在烈士纪念日组织大学生党员参观革命教育基地，等等，使他们在实践体验中牢记革命历史，从而激发他们对祖国和人民的忠诚情怀。同时要在榜样教育中培植忠诚。定期开展革命英雄事迹的宣讲活动，将革命先辈的英雄事迹作为大学生忠诚教育的素材。如县委书记焦裕禄，面对着常年遭受内涝、风沙、盐碱等自然灾害侵袭的兰考县，不顾疾病折磨，带领干部群众治理风沙、盐碱，使兰考人民在严重自然灾害面前站了起来，用实际行动诠释了共产党员的责任和忠诚。大力宣传革命先辈的忠诚典型，对于大学生党员深化忠诚情感体验、筑牢理想信念具有重要意义。

2. 为民服务的教育

中国共产党从成立之日起就将全心全意为人民服务作为核心价值，并且将这种理念融入革命、建设和改革的伟大征程中。正是由于中国共产党为人民服务的

---

❶ 习近平在中央党校建校 80 周年庆祝大会暨 2013 年春季学期开学典礼上的讲话［N］.人民日报，2013–3–3（1）.

宗旨，才得到了广大人民群众的拥护和爱戴。在革命战争时期，无论是八路军战士为老乡挑水，还是中国共产党不惧流血牺牲带领人民进行艰苦卓绝的民族独立战争，都是中国共产党用实际行动践行着为人民服务的政治号召。中国共产党全心全意为人民服务的宗旨并不是无根之木、无源之水，它是中国传统文化和马克思主义融合，是中国革命实践的产物。它吸取了中国传统道德文化中的"民本"思想，将马克思主义唯物史观的群众观点作为理论基石，并总结中国共产党带领人民干事创业的实践经验。在新民主主义革命时期，中国人民生活在水深火热之中，为了使中国人民摆脱被欺凌和压榨的悲惨局面，中国共产党带领人民开展了艰苦卓绝的革命。在革命的过程中，中国共产党对于社会底层劳动人民的苦难有着更加深刻的理解，实现中国人民解放的心愿也更加强烈。代表着中国最广大人民利益的中国共产党始终将受压迫群众的自由和解放作为首要目标，始终将维护群众的利益作为根本的出发点和落脚点。在革命道路的探索中，中国共产党与人民群众间的关系越发紧密，党的领导人越来越体会到群众力量的强大，认识到只有真正关心人民群众，时刻维护人民群众的权益，善于发动人民群众，才能赢得革命的胜利。新中国成立后，中国共产党始终坚持为人民服务的方针，坚持依靠人民群众的力量开展社会主义建设。党的十八大以来，习近平"以人民为中心"的发展思想不仅是对党全心全意为人民服务的革命传统的继承与发展，也是新时代党中央治国理政的根本价值遵循。

新时代大学生自觉传承党全心全意为人民服务的根本宗旨和红色基因具有重要意义。

（1）新的历史发展形势提出的必然要求。进入 21 世纪，中国共产党提出了全面建设社会主义现代化强国的要求，标志着我国进入了历史发展的新时期。中华民族的伟大复兴并不是一蹴而就的，它需要全体中国人民的不懈努力，接受高等教育有着良好的文化修养的大学生必然是中华民族伟大复兴事业的主力军。大学阶段是人一生中思维最活跃的阶段，拥有着蓬勃的朝气，对于社会有着无限的热情，大学生只有积极进取，不断奋发，练好真本领，才能在进入社会中大展拳脚，才能不负时代使命，不负人民期待。习近平指出："党的一切工作都是为老百姓利益着想，让老百姓幸福就是党的事业。"❶ 大学生要树立为人民服务的革命人生观，始终忠于党，忠于人民，才能成为时代的先锋力量。

（2）新的矛盾风险挑战可能带来不良影响。中国共产党不断发展壮大的逻辑之一就是始终将维护人民群众的利益列为最重要的目标，对于共产党而言，人民群众的利益高于一切，始终将为人民服务作为最高追求。随着社会经济的发展，中国与世界的联系越发紧密，面临的国际形势也越发复杂，面对着诱惑和挑战，部分党员干部出现了理念不够坚定、脱离群众的倾向。这些不良风气不仅在社会中传播，而且侵入了原本单纯的大学校园，部分意志不坚定的大学生很容易受这些不良风气的影响，从而对他们构建正确的人生观、价值观产生负面影响。面对纷繁复杂的国际局势，大学生只有坚定与人民同呼吸、共命运的信念，方能抵御不良风气的侵蚀。

新时代大学生只有树立为人民服务的核心价值追求，主动担当作为，才能最终担负起实现中国梦的历史使命。

（1）要注重调研。调查研究是干事业谋发展的前提和基础。大学生要放下架子，深入到人民群众中。针对工作中出现的问题，拜人民群众为师，虚心向有经验的群众请教，寻求解决问题的方法。人民群众是建设社会主义现代强国的重要力量，调动人民群众的积极性是实现富国强民的重要方式。未来不管大学生进入哪个领域、从事何种行业，都离不开人民群众的支持，因此在以后的工作实践中要根植于人民，善于倾听群众的声音，为实现人民美好生活的目标不断努力拼搏。

---

❶ 习近平.坚定信心开拓创新真抓实干团结一心开创富民兴陇新局面［N］.人民日报，2019-8-23（01）.

（2）要乐于奉献。人的生命是有限的，但在这有限的生命中可以创造出无限的价值。雷锋、王进喜、燕振昌、焦裕禄等一大批优秀的共产党员，始终将国家和人民的利益放在首位，胸怀家国，为了国家和人民的利益奋斗。新时代大学生必须甘于奉献，牢记"以人民为中心"的价值导向，办好人民群众的每一件事，才能"我将无我、不负人民"。

3. 艰苦奋斗的教育

中华民族是一个勤劳坚韧的民族。农耕文明时代，中国古人就凭借着艰苦奋斗的思想在自然环境恶劣的黄土高原上繁衍生息，艰苦奋斗精神已然融入中华民族的血脉当中，成为劳动人民建设自身美好家园的精神支撑。回望中国共产党近百年的发展历程，艰苦奋斗的思想与中国共产党的革命精神在内涵上高度切合，这是中国共产党的阶级属性决定的，中国共产党代表着无产阶级利益，在所有的社会阶层中，无产阶级的觉悟最高，革命的意志也最为强烈，追求全世界的民族独立和人民解放是无产阶级最高的奋斗目标。对于无产阶级而言，整个阶级、国家和民族的利益才是最重要的，当国家、民族利益和个人利益发生冲突时，无产阶级会毫不犹豫地牺牲个人利益。正是由于中国共产党所具有的崇高的理想才能发扬彻底的艰苦奋斗的精神，才能战胜各种坎坷和磨难，最终取得革命、建设和改革的伟大成就。

新时代大学生艰苦奋斗精神较为淡薄，复杂的环境因素是造成这种现象的重要原因。

（1）社会环境因素。伴随着中国与世界的联系越发紧密，各种西方思潮也在冲击着主流价值，部分意志较为薄弱的大学生受到西方错误价值观的影响，认为人生短暂应及时行乐，甚至还有学生将物质享受作为成功的唯一标准，为了追求物质不择手段，种种错误的价值导向使他们理想信念缺乏，奋斗意识淡薄。

（2）家庭、学校等环境因素。新时代大学生大多为独生子女，自出生之日起就受到了所有家庭成员的宠爱。有些家庭的父母曾经生活较为贫苦，当他们有了孩子之后就不想孩子再遭受物质缺乏的窘境，无限满足大学生的物欲。这种错误观念造成了部分大学生个人主义至上，缺乏应有的奋斗精神。同时学校教育多以应试教育为主，忽略对学生能力的培养。当前高校内普遍存在着艰苦奋斗精神教育力度不够的情况，由此导致部分大学生放松自我管理、缺乏奋斗与奉献精神。

新时代大学生艰苦奋斗精神教育要结合时代特征，充分挖掘革命文化中蕴含的丰富内涵。

（1）脚踏实地的奉献精神教育。抗日战争期间，日本帝国主义对中国实施军事侵略、经济封锁，中国共产党带领中国人民通过开展生产运动、游击战等方式进行反抗，最终赶跑了侵略者，实现了民族独立。新时代中华民族伟大复兴主题的提出，使得大学生面临着更加艰巨的挑战。大学生要以革命先辈作为奋斗的榜样，任劳任怨，为实现第二个百年奋斗目标贡献力量。

（2）艰苦朴素的节俭精神教育。新中国成立之初，中国的农业经济基础薄弱、工业经济凋敝，为了在最短时间内恢复经济，毛泽东提出了勤俭建国的思想，艰苦奋斗，自力更生。新时代大学生要自觉抵制享乐奢靡风气，"培养劳动习惯和艰苦朴素的作风，加强和劳动人民同甘共苦的思想感情"❶，才不会在奋斗的年纪选择安逸，才无愧于这个伟大的时代。

（3）开拓创新的进取精神教育。伟大的事业筑造不是一朝一夕的工作，而是长期不懈努力、艰苦奋斗的成果。习近平指出："广大青年一定要矢志艰苦奋斗。"❷面对新时期万众创新的要求，大学生要发扬艰苦奋斗的精神，才能在顽强拼搏中施展才华，不愧于历史的使命。

---

❶ 龚海泉.高等学校思想政治教育史［M］.武汉：武汉出版社.1992.

❷ 习近平.在同各界优秀青年代表座谈时的讲话［N］.人民日报，2013-5-5（02）.

三、高校革命文化育人的实现路径

（一）构建革命文化育人机制

规范革命文化育人工作的相关制度，应当从高校入手，制定科学合理的规章制度，建立具有创新性的体制模式。一般来说，高校管理者会针对学校的教育任务制定教育的长期规划以及短期目标，学校的各个部门和全体教师基于教育的长期与短期规划来协调自己的工作。革命文化育人的工作需要社会、学校、家庭三方的长期配合与支持，把革命文化育人理念融入日常的工作中去。另外，高校的规章制度确立后不是一成不变的，学校的相关部门应依据国家教育机关下发的文件精神，综合学校内外的环境变化以及大学生不断成长的特点，对已有的规章制度进行修正与完善。

1. 完善育人教学机制

高校要以国家和教育部发布的法律政策为依据，结合学校的实际情况，从顶层建设入手，加强革命文化育人的落实力度，实现全员、全过程育人的终极目标，制定新的实施制度和指导方案。高校的管理者要对革命文化育人工作给予高度重视，只有领导切实地意识到革命文化育人的重要性，才能更好地督促相关工作的落实与加强。高校要"建立党委统一领导下的大学生革命文化教育体系。健全的领导和管理体制，是加强和改进大学生革命文化教育的基础和前提。"❶ 思想政治理论课程是高校推进革命文化育人工作的主要渠道，教师应善于借助思想政治理论课堂这个主阵地，对当代大学生进行革命文化教育的实践教学。

（1）制定完善的教育队伍培训机制

高校教育队伍是革命文化育人的传道者，高校教育者的自身素质水平对受教

---

❶　肖灵.当代大学生革命文化教育研究［D］.南京：南京师范大学，2014.

育者的革命文化学习效果有着直接影响。因此，各个高校要着眼于教育规划，在师资队伍建设中融入革命文化，制定科学的、系统的培训方案，增强校园中的革命文化氛围，提升教育者队伍的革命文化底蕴，使他们在思想政治课程中开展革命文化教学时更游刃有余。

（2）形成完备的教育信息反馈机制

高校想要了解大学生对革命文化的掌握程度，最传统的途径就是考试。但是考试本身具有很多缺点，比如信息反馈不及时、不能全面准确地反映出学生的真实学习效果，尤其是一些高校的思想政治课程考试采取开卷的形式，更加反映不出学生对于革命文化的实际学习效果。这就需要建立一个完善的教学信息反馈机制来，反馈机制的形式及内容包括但不限于：其一，采取无记名的方式，在教学完成后让学生把对教师及教学过程的最直接感受和意见写在纸上反馈给教育者；其二，为了及时掌握教学的真实效果，可以在一段教学内容结束后立马安排小测验，检验并巩固知识；其三，利用小组合作的形式，共同为研究成果做汇报。总之，教育者秉承着因材施教的教学原则，创新多元化的教学方式，通过不同的渠道和方法来检验大学生革命文化知识学习的成果，提高革命文化教育的针对性和实效性，同时，教育者要重视教育信息反馈机制的运用，不断积累教学经验。

（3）建立完备的教育评估机制

为了对革命文化教学成果做出客观、全面的评价，应制定完善的教育评估机制，通过对整个教学过程的分析，考察教育者是否依据教学计划进行教学、是否引起学生的学习兴趣以及教学目标的完成度。目前，一部分高校并不具备完善的评估考核机制，教学中积存的问题得不到解决，这直接影响到高校的教学质量。对此，高校应采取一系列有效的改进措施，比如，成立教学监督小组，从教师队伍中选取合适的人选，务必处事公允，定期随机听课，对教育者的课堂表现包括教学方法、教学态度、教学成果等进行客观的记录、评价，并及时将评价结果反馈给教师本人，促进教师队伍适时调整教学方案、提升整体的教学水平。

（4）推动教学课程体系改革机制

思想政治理论课程是高校推进革命文化育人工作的主阵地，但高校的革命文化育人工作不能局限于思想政治理论课堂，应开拓出多元化的革命文化教育渠道，在整个校园中营造革命文化的氛围，比如在高校文化建设中重点宣扬革命文化内容，将革命文化与其他相关专业的课程内容结合进行教学，通过社会实践使学生们贯彻理解革命文化的内涵。对于高校教育者而言，应改革课程教学体系，树立"大思政"的教学理念，以推动"课程思政"为目标，通过对各门专业课程内承载和蕴涵的思想政治教育元素的梳理来加强专业课程的育人功能，根据不同专业的学科特点，与革命文化教育元素进行融合渗透，同时结合学科特色围绕革命文化开展各种教育活动。以外语专业为例，在锻炼学生外语翻译能力时，可以选择红色经典书籍作为资料；再比如美术专业，结合当地的革命遗迹，在革命场馆中用画笔描绘革命画面。在挖掘革命文化资源的同时加深学生对革命文化精神的领会，通过这些教育活动也能促进学生对专业知识的掌握。

（5）形成实践教学规范机制

革命文化育人实践活动的顺利开展需要高校在制度政策上予以一定程度的倾斜。想要提高实践教育计划的可操作性，必须要通过制定相应的规章制度来规范化实践教学，增强实践教育的科学性，促进革命文化资源与思想政治理论课的紧密融合。为了避免革命文化教育流于形式、敷衍了事，必须加强实践教学力度，教育者可以把教学课堂移动到革命文化场馆等现场进行实地教学，现场的革命氛围有利于学生对革命文化的认识从感性上升到理性，学生在挖掘革命文化资源的同时带有一定的目的性，有效促进革命文化理论与实践的结合，提高教师的教学质量。对教育方式的全面深化改革要秉承着革命文化育人的"三贴近"原则，通过开拓革命文化专题的教育模式来提高革命文化教育的针对性和实效性，比如，为学生安排寒暑假课题作业，组织学生深入革命文化浓厚的胜地开展社会实践，对红色经典文化进行调查和挖掘。

（6）完善党团组织工作机制

党课、团课以及党团活动是高校革命文化教育体系中的关键育人渠道，因此要加强党课、团课的培训力度，并且将革命文化教育元素巧妙地融合进党课与团课的培训活动中，同时高校的管理层要起到带头作用，积极主动地参加党课活动，带动全体教师与学生接受革命文化教育，领略革命文化精神，通过了解党的光辉历史来激发师生的爱国情怀。在党团日常建设中融入革命文化，在节假日期间，基层支部组织党员们参观传统的革命教育胜地，比如烈士陵园、革命纪念馆、革命人物故居等，在游览的过程中缅怀革命先烈。学生党团组织也要积极组织开展革命文化主题活动，使大学生们在喜闻乐见的教育活动中加强革命文化的熏陶、坚定革命理想信念。

2. 形成育人联动机制

革命文化育人工作的推进不能仅靠高校单方的努力，需要多方主体联动机制作为支撑，社会、学校以及家庭三方应互相协调配合，对大学生进行全方位的革命文化教育，加强实践育人效果。综合多方的革命文化资源与力量，以快速推动革命文化育人工作为共同的目标，多方主体协力发挥全方位、综合化的育人效应。

另外，高校的各个部门与学院之间要权责分明、分工明确，在推动革命文化育人工作上互相配合。因此，高校内部的各部门与各学院之间也需要构建一个完善的联动机制。建立信息共享平台可以有效加强各方之间的配合与协调工作。首先，高校的管理层应遵照教育部的指示，对革命文化育人工作予以足够的重视。党委领导在意识形态工作中要积极冲到第一线，发挥领导责任制的作用，担负起应有的责任，重视思想政治课程，在意识精神上牢牢巩固马克思哲学理论思想的地位。同时，高校的党委宣传部与组织部要制定可操作性强的文化育人规划，下发到学生处与团委等部门进行配合推进，促进学校各管理部门合作开展革命文化育人工作。通过举办公开课、学术研讨会、名人讲座等活动打通各个学校和各个学院之间沟通渠道，方便彼此交流经验、分享资源，共同深入推动革命文化在大学生群体中的渗透工作。另外，高校管理层要加强教师队伍建设，全面提高教育者的综合素质，不光要注重教师的文化底蕴和教学水平，还要考察教师的师德和人品。教师应以身作则，带头加强对革命文化的学习，领略红色经典文化的内涵，坚定理想信念，深化爱国情怀。辅导员、专业课教师以及思政课教师要齐抓共管，在专业课程中深挖文化元素，将革命文化融入日常的理论知识学习与社会实践中，通过组织各种革命文化活动增强校园的文化氛围。

高校单方面的努力还不足以推动革命文化工作的深化落实，应发挥育人联动机制，加强社会层面和家庭层面与学校的合作，共同推进革命文化育人工作。在社会层面，主要是当地政府和教育部门的支持，在政策制度和经济投入方面对革命文化育人工作给予一定的倾斜，通过社会力量整合当地的革命文化资源，为学校开展各种红色文化育人的社会实践活动提供支持。需要注意的是，革命文化资源包括不限于革命人物故居、革命战争遗址、革命遗物纪念馆等，这些都是不可再生的文化资源。因此，高校在借助这些革命文化资源开展育人实践活动时，要格外注意对珍惜资源的保护。同时，高校的革命文化育人工作的开展在一定程度上也倒逼社会加强对革命文化资源的保护力度。发挥多方联动机制，高校配合当地政府利用先进的信息技术对文化资源进行整合、存储，如通过音频、视频影像记录、以文字或图片的形式留存珍贵的资源。另外，现今社会中存在娱乐红色历史、鼓吹西方价值观、崇洋媚外的现象，对此政府相关部门要加强对文化市场的监管，严格审查影视剧作品中的不良元素，影视剧作品中的价值观和政治倾向最易影响思想未发育成熟的学生，不能让有心之人通过文娱市场歪曲革命历史，污蔑革命先烈。因此，革命文化市场的开发需要格外审慎。

在家庭教育层面，父母的言传身教对革命文化育人工作具有一定的推动作用。父母长辈相对来说更接近那段壮烈的革命历史，他们对革命文化的了解更加深刻。高校应该重视家庭教育的支持，从家庭成员入手，通过家长会、学院微信公众号以及学校官网等渠道，向家长展现学校的教育活动，宣扬意识形态教育的重要性，保证家庭成员政治倾向正确以及家庭理念和学校理念相统一，如若家庭与学校灌输的文化理念相悖，就会严重破坏革命文化育人工作的信服力和实效性。这也从侧面体现出家庭教育在学生成长过程中的重要性。

综上所述，联动育人机制的发挥主体就是社会、学校以及家庭三个层面，三个主体间要相互配合，明确分工。高校各个学院与各个部门之间要细化权责、形成联动机制，借助社会层面的革命文化资源以及家庭教育，全方位、多渠道进行革命文化育人工作，整合所有的资源，合力建设革命文化育人工作机制。

3. 制定育人长效机制

高校的革命文化育人工作不是一蹴而就的，需要做好长期工作的准备，红色文化精神的在大学生群体的宣传与深入应被列入高校的常态化工作中，在教育者日常的传道授业中对大学生进行潜移默化的革命文化熏陶。因此，高校的管理者要主动牵头，再加上各个部门与各个学院的合作配合，合力建立长效的革命文化育人机制。制定可操作性强的长期发展规划，将革命文化育人工作融入学校的文化建设中。

教育过程本身就具有常态化和制度化的特点，高校的革命文化育人工作也要注重这两个特点。革命文化教育工作在政策制度上需要一定程度的倾斜，在开展社会实践活动时才具有更强的可操作性。只有对教育的各个指标进行硬性规定，才能提高学校各部门对革命文化教育的重视程度，日益丰富大学生的精神生活。

　　高校在进行革命文化育人工作时应构建完善的决策协调、实施导引以及激励保障机制。第一，构建决策协调机制。只有明确了当代大学生对革命文化精神的具体需求，才能制定相应的革命文化育人形式，对症下药才能吸引当代大学生，提高他们对革命文化的接受度，因此高校的决策依据是学生的需求，社会的迅速发展影响着学生的学习和生活，这需要建立长期跟踪机制对学生的实际需求进行分析，想要了解学生的思想动态，可以通过与辅导员、思想政治课教师进行交流。学生干部更接近学生，定期召开学生干部交流会，同时借助校园共享信息数据平台，深入学生群体，了解学生最真实的需求。以上这些渠道需要在高校党委的统一领导下，各个部门和学院齐抓共管，合理分配育人资源，各自担负起职责，发挥育人工作机制的作用。第二，构建实施导引机制。革命文化课堂理论与实践的结合需要辅导员、专业课教师、党团与学生组织各自履行职责，依据制度体系，共同督导革命文化育人工作的推进。在革命文化精神内涵的普及宣传方面为全体师生引导方向，倡导师生积极参加革命文化的社会实践活动，比如，组织参观革命纪念馆，缅怀伟大先烈。当今时代是大数据时代，利用先进的计算机信息技术，建立校园革命文化资源共享平台，鼓励教师和学生在平台上进行革命文化学习与熏陶，既方便又即时。第三、构建激励保障机制。有激励，才有学习的动力。比如基于校园革命文化平台，设置规范的学习指标，按照指标设立不同层次的奖金与奖品，提高师生对革命文化的学习兴趣，增加平台的浏览量，促进校园革命文化教育平台的蓬勃发展。再比如，学校党委牵头组织举办各种革命文化相关的竞赛活动、人物评选等，给予优胜者物质以及精神上的双重奖励。与此同时，对于包括辅导员、思想政治课教师以及其他专业课教师在内的教育者群体，定期进行年度革命文化教育先进工作者的评选与表彰，充分调动起教育者队伍的工作积极性，鼓励教育者创新革命文化育人的新形式。综上所述，应在规章制度、资金投入、科学技术、人力资源等方面对高校的革命文化育人工作进行保障，以便推进教育工作的顺利开展。

长期性的常态化革命文化教育需要将经典红色文化融入大学生的日常教学中，这并不是一件容易的事。要将革命文化教育理念切实贯穿于大学生的日常学习教育中，形成常态离不开革命文化育人长效机制的建立。

（二）推动校园革命文化建设

校园文化是一种以大学生为主体的群体文化，承载着将革命文化融入高校教育机制的重要责任。校园文化作为社会主义先进文化的重要组成部分具有独特鲜明的校园精神和严谨科学的办学理念，且具备潜移默化的育人功能。在校园文化建设上，将革命文化的精神内涵融入校园文化中，二者进行有机结合，既为革命文化育人工作提供了重要渠道，又加强了校园文化建设的实效性。

1.运用新媒介提升革命文化的传播力

当今时代，随着信息技术的迅速发展，外国文化在大学生群体间快速传播，而意识形态对大学生的思想与成长起着至关重要的作用，因此，通过多渠道在大学生群体中加强革命文化的宣传与渗透是势在必行的。应充分利用新媒体技术，加强对文娱市场的监管，让中国主流意识形态的传播与发展来改善崇洋媚外等负面现象。

如今，在我们的日常生活中，手机和互联网技术已成为不可割舍的重要生存工具，微信、QQ群、微博以及互联网网站都是信息传播的重要渠道与阵地。互联网技术承载着获取文化与知识、交流信息数据的重要功能。毫不夸张地说，如果互联网瘫痪，人们在一定程度上就会成为"聋哑人"，在日常学习和生活中造成极大的不便，足见人类对互联网信息技术的依赖。高校的革命文化育人工作的开展与推进，更要注重对互联网信息技术的运用，革命文化缺少一个展现魅力的平台，而互联网恰巧可以弥补这方面的缺失，在革命文化的传播宣传过程中，为之提供快速灵敏、覆盖面广的传播渠道，把握好新媒体传播的主动权，让正确的思想理念赶走错误的思想理念。应借助新兴的信息技术创办大学生校园文化网站，弘扬革命文化的主旋律，增加师生互动，让中国的传统革命文化重新焕发生机。

创建新媒体传播平台要依据三点来进行。

（1）以大学生的实际需求为前提

大学生的需求一般侧重于两点。其一思想的先进性。首先，国家兴亡，匹夫有责，在新媒体平台上开辟"时政要闻、党建思政"板块，加强全体师生对国家动态的关注与了解；另外，还可以单独开辟一个"交流讨论"板块，让大家各抒己见、互相交流。其二，服务的优质度。新媒体平台应将学生作为主要服务对象，用生动活泼的形式提供即时、丰富的信息资源，并且设置"建议反馈"板块，学生们有什么新的想法或者意见都可以匿名提交，以促进新媒体校园文化平台的良性发展。以微信公众号和微博为例，都具有上传文字、图片、音频、视频的功能，作为校园文化的载体，管理者要对发布的内容精选审核，大学生们在浏览阅读后可以转发、在评论区互相交流。这种文化信息推送方式便捷快速，受到大学生群体的广泛欢迎，有利于塑造大学生的主流意识形态，培养大学生的爱国情怀。总的来说，对于新媒体平台的筹建，在初始阶段应广泛吸纳服务对象——大学生的意见，可以通过走访学生、不记名问卷调查等多种方式了解大学生群体的真实想法和需求，以便"对症下药"，为大学生解决学习生活中的思想困惑，提高关心国家、参与政治的思想觉悟，新媒体平台上的交流板块更可以促进意识形态领域的拨乱反正，通过对西方错误思潮的批判，为思想尚不成熟的大学生指明正确的主流思想理念，提高大学生整体的思想觉悟。需要注意的是，管理员应负责审查交流板块的发言情况，避免出现极端偏激言论以及不文明用语，破坏平台的和谐发展。

（2）挖掘新媒体平台的特色，提高吸引力

新媒体平台的吸引力要素主要是丰富的内容与新颖的形式。革命文化教育的内容本身具有一定的严肃性质，因此，只能从表现形式入手，创新更加生动活泼的表现形式来提高趣味性，吸引大学生的目光，增加平台的浏览量。以校园文化的网站为例，网站的界面背景可以替换成革命文化标志性的风景建筑或者革命先烈的头像等。加大经费的投入，借助 3D 虚拟技术模拟革命历史场景，建立虚拟的线上革命文化纪念馆，使学生们足不出户就能领略到红色风景胜地的风景。综合学生们的平台使用习惯，调整平台的板块位置，将受欢迎、高点击率的内容放在居中醒目位置，便于学生们点击浏览。紧跟时事，在诸如建军节、建党节等特殊节日更换相应的背景与内容。参考、学习其他学校的官方网站的丰富表现形式。思想政治课教师在进行备课的时候也可以在校园革命文化新媒体平台上汲取合适的知识和素材，这样的思政课会更容易被学生们接受，有利于增强革命文化育人工作的实效性。

（3）借助校园传统教育媒介

第一，校报。校报作为大学生群体中较有影响力的传统平台，在学校发行量很大。因此，高校可以在校园报刊上开辟一块专属于革命文化研究的专栏，融入当地的革命文化历史，发表弘扬革命文化精神的文章。第二，校园广播电台。高校应选取经典的红色主题歌曲、电影借助校园平台进行广播。第三，校园的宣传橱窗。在宣传栏张贴宣传标语、革命人物事迹、红色主题海报等。第四，校史展览馆。定期开放，由教师组织学生集体参观，同时为学生讲解光辉校史，弘扬正能量。

2. 引导校园革命文化活动健康发展

教育者综合大学生的身心健康和综合水平，为大学生开辟了"第二课堂"，而校园文化活动就是"第二课堂"的重要内容。相对于传统的课堂授课，校园文化活动的形式生动活泼，内容丰富多彩，更能引起大学生的兴趣。将校园文化活动作为革命文化教育的渠道之一，有效提高大学生对革命文化教育的接受度和参与度，在潜移默化中使大学生接受爱国爱党的革命熏陶。作为校园文化的主体，大学生要德智体美全面发展，不让校园文化活动流于形式，丰富创新校园文化活动，使革命文化与校园文化完美融合，发挥革命文化育人效应。

在校园活动中，学生参与度、接受度最高的是文艺类活动，其活泼生动的形式受到大学生群体的热烈欢迎。因此，要想有效塑造大学生的主流意识形态，高校教育者必须将革命文化精神的价值内涵融入校园文艺活动中，学校相关部门要加强校园文艺活动的组织，创新形式，丰富内容，以提高大学生的思想文化素质为目标，深化推动革命文化育人工作。

高校的校园社团建设也是革命文化教育推广的主要阵地之一，可以由团委牵头，成立诸如革命文化宣传小组、马列主义研究协会、红色旅游协会等社团，社团的一切活动建立在大力宣传革命文化的理念上。通过举办"革命文化艺术节"等活动弘扬红色文化，需要注意的是，红色社团的创办和监管要受到党委及团委的高度重视，高校要委任觉悟高、能力强的教师对红色社团加以指导。

3. 加强校园革命文化的交流与合作

习近平在党的十九大报告中指出："加强中外人文交流，以我为主、兼收并蓄。推进国际传播能力建设，讲好中国故事，展现真实、立体、全面的中国，提高国家文化软实力。"❶ 这段讲话为我们指出，革命文化的发展和传承不能闭门造车，要走出校门，跨出国门，高校对此肩负着重大的责任和使命。

---

❶ 习近平.决胜全面建成小康社会夺取新时代中国特色社会主义伟大胜利—在中国共产党第十九次全国代表大会上的报告［M］.北京：人民出版社，2017.

　　高校与高校之间、高校与社会之间都要加强革命文化的交流与合作，互相学习先进经验，彼此提供有力支持。由于校园内的革命文化资源相当有限，因此当地政府要配合高校的革命文化教育工作，在一定能力范围内挖掘当地的红色文化资源，为高校开展社会实践活动提供场地，比如城市纪念馆、博物馆、档案馆等与党史相关的场所。同时，高校可以通过邀请国家各级艺术团体进校表演话剧、歌舞等方式，将社会上的优质红色文化教育资源与本身的校园文化进行有效融合，让大学生感受文艺表演艺术魅力的同时，了解真实的革命历史故事，直接感受到思想政治理论课堂中感受不到的红色艺术震撼力，在浓厚的革命文化精神熏陶中坚定信念、砥砺前行。

　　有效推动革命文化育人工作的关键点之一在于增强革命文化自信，将中国革命文化在国际上加大宣传，使世界都能了解中国革命历史，在提高中国文化自信的同时，重点加强中国革命文化的对外输出。在革命文化发展的历程中，文化自信意识随之不断增强。只有让人民群众都正确了解革命历史的真实情况，才能对国家与本民族的文化进行高度肯定。因此，高校与社会都有义务通过各种方式为年轻人还原当时的历史事件，让他们了解到革命先烈的英勇故事，克服文化自卑心理，使大学生在缅怀先烈的同时加强文化自信，提高爱国爱党的精神理念，消除对革命文化教育的防御、抵制心理。文化交流是文化自信的象征，有底气走出校门、跨出国门，让不同阶层、不同民族、不同国家的人都认识、了解中国革命文化的价值与内涵，活跃、有力的文化交流是文化高度自信的标志。西方文化在中国的肆意传播，在一定程度上对年轻人的意识形态造成了冲击，这对革命文化的传播起到了很大的阻碍作用，一些听惯了错误思潮的大学生从心里对革命文化教育产生抵触、抗拒心理，这种本末倒置、是非不分的思想理念严重阻碍了大学生的成长与发展，想要改变大学生群体中存在的"崇洋媚外"现象，光靠高校教育者的宣传引导是不够的，需要从根本上加强革命文化自信，在国际上提高中国革命文化的影响力，从而提升大学生的民族自豪感，才能更好地帮助高校教育者开展革命文化育人工作。

在国际上加强中国革命文化的推广，使世界各国都能认识到中国革命文化的价值与内涵，这不是一蹴而就的事情。除了国家的推动之外，高校应在自身的校园革命文化建设中加强对外交流输出。首先着眼于国外交换生的教育实况，通过举办中外文化交流节等校园活动，为国内与国外的大学生提供面对面交流各国文化的机会，彼此之间介绍本国的历史发展、文化传统，打破靠媒体获取国外信息的桎梏，消除国外交换生因不实报道而对中国产生的误解。中国大学生要把握这种机会，将中国革命文化向外国留学生进行宣传，使他们真正了解中国的文化与国情，从而消除外国人的偏见，提高中国革命文化在国际上的影响力。与此同时，中国大学生在向国外交换生科普、输出的时候，自身也会加强民族革命文化自信，坚定爱国爱党的理想信念。

第三节　宣传和坚定文化自信

一、文化自信的内涵

想要提升文化自信，首先就要了解文化的价值内涵，这样才能从心底真正认同本民族的文化。"文化"一词早就存在，"文化"包含着很多含义，中华语言博大精深，在甲骨文中，"文"的书写形象是一个站立的人身，因此有"文身"的意思，后又延伸为"花纹""文字"。而"化"字最早出现在商朝，属于会意词，形如正反两个人，左边的人为正立，右边的人为倒立，正倒结合就是"变化"，后来又延伸为"教化"，可以理解为通过教育使人的思想理念、行为习惯发生变化。在《周易》中，"文化"首次出现，"观乎人文，以化成天下"。"这里的'人文'之人伦社会规律，即社会生活中人与人之间纵横交织的关系。这里将'人文'与'化成天下'紧密联系，'以文教化'的思想已十分明确"❶。

如今，在文化内涵的研究领域，学术界主要存在两种理念。一种理念认为，文化覆盖面极广，在整个社会中，尤其是社会制度、物质基础、意识形态等方面，只要与人的社会生产相关的存在都是文化；另一种理念则认为，文化是有局限性的，是一种随着人类发展而自然形成的社会意识，仅存在于意识形态中，即人类在社会实践中自然产生的各种观念以及精神层面的成果，具体分为科学文化与人文文化。总的来说，虽然这两种理念有所不同，但是有一个共同点——文化是人类主动生产创造的，依附于人类的生产实践活动而产生，最终又指导人类的生活生产活动。本书研究的文化主要包括不限于中华传统文化、革命文化、社会主义先进文化等意识形态领域的精神文化，这些文化都具有鲜明的中国特色社会主义特征，彼此相互关联，不可分割。

基于对自身优势的清楚认知以及对自身价值的充分肯定，勇于积极开展实践活动，在这个过程中催生的积极向上的心理状态与坚定信念，即为自信。从这个角度分析，文化自信就是对本民族文化的优势有清晰的认知，并且从心底给予高度肯定，从而付诸行动，传承并发展优势的民族文化。对国家和政党来说，"文化自信，是一个国家、一个民族、一个政党对自身文化价值的充分肯定，对自身文化生命力的坚定信念"❷。这作为在文化建设理论层面的延伸象征着我国的文化建设已经初具规模。在增强文化自信的同时，不能全面、无差别地抵制外来文化，文化自信的标志是文化交流，因此对外交流必不可少。如今，文化多元化是时代特征，我们不抗拒外来文化的流入，但不能盲目吸收、崇洋媚外。在将本土

---

❶　张岱年，方克立．中国文化概论［M］．北京：北京师范大学出版社，1994.

❷　云杉．文化自觉文化自信文化自强——对繁荣发展中国特色社会主义文化的思考（中）［J］．红旗文稿，2010（16）：4-8.

文化在全世界范围内推广宣传的同时，也要对流入的外来文化进行甄别，取其精华去其糟粕。时代在发展，任何文化都不能墨守成规，一成不变。只有在坚持本民族文化为主体的前提下，客观审慎地对待外来文化，借鉴与学习外来文化的优点，才能在坚守本心的同时推陈出新，对本土文化进行创造性改革，以适应不断发展进步的社会。

二、文化自信的定位

习近平总书记在庆祝中国共产党成立的 95 周年大会上，提出"四个自信"，其中文化自信占据重要地位。文化自信的提出是我们党在实现中华民族伟大复兴的中国梦的过程中总结出的具有现实意义的发展策略。四个自信分别是道路自信、理论自信、制度自信以及文化自信，四个自信之间紧密联系，互相影响，内在统一。理论是行动指南，制度是根本保障，道路是实现途径，文化则是精神力量，四者从中国特色社会主义建设事业的不同角度发挥作用，以实现中国梦为共同目标，增强全社会成员的民族自豪感与自信心，支撑中国特色社会主义道路的开拓与行进。

在中国特有的四个自信体系中，文化自信的价值尤为独特。习近平总书记强调"坚定中国特色社会主义道路自信、理论自信、制度自信，说到底就是要坚定文化自信"❶。由此可以看出，文化自信是四个自信体系的底层基础支撑，"是更基础、更广泛、更深厚的自信，是更基本、更深沉、更持久的自信"❷。四个自信体系中蕴藏着中华民族的永恒追求，在意识形态领域潜移默化地感染着全体中国人民在文化多元化的世界背景下，坚持走中国特色的社会主义道路。

---

❶ 习近平.在哲学社会科学工作座谈会上的讲话［N］.解放日报，2016-05-19（02）.
❷ 习近平.在庆祝中国共产党成立95周年大会上的讲话［N］.解放日报，2016-07-2（02）.

三、新时代大学生文化自信教育的主要内容

（一）思想观念教育

思想观念教育是大学生文化自信教育的主要内容，文化自信首先体现在态度上，要从思想观念层面对大学生加强教育与引导，提升其文化自信。打破思维定式，在大学生的精神层面树立正确的文化形象。大学生正处在世界观、人生观、价值观的发展构建阶段，此时的他们更需要正确思想的引导。

（二）传统文化教育

中国上下五千年，孕育出的历史与文化何其广大渊博。在文化自信教育工作中，对于大学生的教育离不开传统文化的学习。高校在制定教学规划与教学目标时，不能忽略对大学生文化自信的教育工作，教育者应科学设计教学课程，深入挖掘专业课程中的传统文化元素，利用现有资源，将中国文化中蕴藏着的优秀思想内涵完美融入专业课程中，融入高校日常的文化建设中，创新课程形式，丰富课程内容，为提高大学生的文化自信心付出心血。

（三）红色文化教育

在革命战争年代，经过中国共产党与先进的知识分子以及广大人民群众艰苦卓绝的努力奋斗，共同打造出具有中国特色、适合中国社会发展的先进文化，即红色文化，包括延安精神、井冈山精神、长征精神等，蕴含着不怕艰难困苦、勇于抗争拼搏的革命内涵。红色文化具有深厚的历史底蕴，因此，对大学生的文化自信教育工作应着眼于红色文化，在高校日常课程教学中融入红色文化价值内涵，帮助他们完善价值观与人生观，树立积极的人生目标。

（四）社会主义先进文化教育

基于当代中国的实际国情，社会主义先进文化教育的规划与发展应更加全面具体，结合先进的理论成果深化大学生对国家与民族的认识，丰富其精神与内心，做到内化于心，外化于行。在文化多元化的时代背景下，增强大学生的文化自豪感。

（五）文化自我教育

在对大学生的文化自信教育工作中，还包括文化的自我教育，简单来说就是大学生是文化自信教育的主体，应利用一系列举措充分调动大学生群体的主观能动性。随着时代的发展，高校教育更注重学生的自主学习能力，人们通常对主动学来的知识理解得更加深刻透彻，因此高校教育者应提供相应的资源与平台，帮助大学生进行文化的自我教育，内外兼修，最终通过教育提升大学生整体的文化自信。

四、大学生文化自信的培育途径

大学生因思想尚不成熟，极易受到外来不良文化的影响，高校教育者想要提高大学生群体的文化自信，需要从引导他们树立正确的价值观、人生观入手，设身处地地为大学生考虑，创新教育方法，用生动活泼的方式激发大学生的学习兴趣，促使他们自觉进行文化学习，具体包括以下途径。

（一）立足思想政治教育主阵地，牢固大学生文化自信教育根基

思想政治教育课堂是提升大学生文化自信的主要渠道之一。作为高校思政教育的重要任务，文化自信教育可以在思政课的马克思主义理论教育的基础上，结合已有的科学成果对现今的各种社会思潮与文化现象进行辨析，引导学生对资本主义与社会主义的意识形态与本质属性有一个正确、深入的认知。从而对比中西方文化的差异性，认识到中西方文化各有优劣的现实，消除现存的崇洋媚外现象，提高大学生的文化甄别能力。因此，思想政治课堂的重要性不言而喻，对大

学生的思想政治教育不能流于形式。高校应重视思政课，挖掘思政课堂中的文化教育元素，创新授课形式，在社会实践活动中汲取灵感，提高思政课堂的亲和力与趣味性，用实际生活中的案例代替枯燥单一的理论知识作为课堂导引，激发学生们的兴趣，寓教于乐，将文化自信教育与思政课教育以及专业技能教育结合在一起，提高中华传统文化在通识课中占据的比例，通过引领文化价值来提升学生的人文素养。结合当代时事，从理论到实践，由抽象到具体，在理想信念与文化自信两个方面对比中西方的差异，从而引导学生感悟中国特色社会主义核心价值观的内涵。与此同时，为了更好地引导大学生进行文化自觉教育，高校教育者们应不断提升自身的思想觉悟，夯实文化自信相关的理论知识基础，紧跟时代，创新课程形式，为大学生提供更优质的教学体验。

（二）积极拓展网络渠道，丰富大学生文化自信教育形式

互联网是一把双刃剑，其中的信息良莠不齐，大学生对文化的甄别能力还不成熟，很容易受到影响、是非不分。因此，相关部门应该加强对网络平台的监管力度，高校则要积极利用网络平台，注册校园官方网站，借助新媒体技术构建校园文化交流网络平台，包括数字图书馆、虚拟博物馆、线上美术馆等，利用 VR 和 AR 技术重构历史革命场景，以在线科普的直播形式，为大学生提供学习与交流的平台，提高大学生的接受度与参与度，弘扬中国特色社会主义思想主旋律，推进文化自信教育工作。由于网络无法自动过滤不良信息，高校相关部门要加强平台网络信息的监管，提升舆论控制、处理能力，把握好网络渠道的主权。

（三）充分发挥高校平台优势，挖掘大学生文化自信教育资源

在文化多元化的时代背景下，单一、枯燥的理论授课模式已经逐渐被社会淘汰，大学生群体需要一个更加自主、活泼的学习环境，针对大学生日益丰富的教育需求，高校应整合校内与校外的现有资源，发挥平台优势，为文化自信培育工

作创造新的教育形式，借助校园文化活动，包括文化交流节、重大庆典、社团活动等，将中华传统文化渗透其中，吸引大学生群体积极参与，在潜移默化中加深对中国传统文化的认识与认同，提高民族文化自豪感。与此同时，在校园的文化建设中有计划地融入文化自信教育，如主题班会、志愿者服务、学术讲座创新创业教育等活动都可作为引导大学生进行思想文化教育的有效渠道。另外，除了理论灌输，高校应提供更多的社会实践机会，引导学生在专业实习、社会调查以及公益活动中感悟文化差异，树立正确的价值观。

社会主义文化强国的建设离不开"四个自信"的基本方针，而文化自信是"四个自信"体系中的基础支撑，高校作为大学生文化自信培育的主要阵地，应在国家政策的指引下积极采取一系列的措施，同时借助社会力量，整合校内外的所有资源，在"三全育人"体系中加入文化自信的教育内容，创造生动丰富的教学形式，引导大学生对祖国与民族有一个正确、清晰的认知，从而提升大学生的文化自信心。

第四节　坚定文化自信，锻造大学精神

一、新时代大学精神概述

习近平总书记在党的第十九次全国代表大会上强调："我国社会主要矛盾已经转化为人民日益增长的美好生活需要和不平衡不充分的发展之间的矛盾。"❶高校思想政治教育课堂的重心应随着社会主要矛盾的变化而产生变化，思想尚未发育成熟的大学生在生活与学习过程中易受到不良文化思想的干扰，因此需要正确

---

❶　习近平.决胜全面建成小康社会夺取新时代中国特色社会主义伟大胜利——在中国共产党第十九次代表大会上的报告［M］.北京：人民出版社，2017.

的精神引导。每个高校都有其独特的精神理念，大学校训是其最初的办学理念以及发展进步的动力源泉，需要从始至终的贯彻实施。大学精神作为大学最鲜明的标志，展现着大学的独特风采与个性。在大学精神抽象的内涵下，是具体的教育表现，以文化为主要载体，主要分为物质、制度、行为以及环境等方面，文化渗透全面覆盖了大学生的精神领域与专业素质等层面，为党和国家培养优秀的社会主义接班人，推动伟大复兴中国梦的实现。

（一）新时代大学精神的内涵

迄今为止，对于大学精神的定义并没有权威性定论，学者们对于大学精神的理解不一而足、见仁见智。本书基于大学精神的形成机制，综合我国五千年的历史文明以及高等教育的变迁，对大学精神的内涵做出客观的解释，深度挖掘大学精神的强大育人功能。

1. 大学精神的概念界定

西方最早的"大学"主要是为了传授知识、培养学术性人才，并且与现代大学的教育理念相一致，提倡人文教育的培养，注重人的德智体美全面发展。但缺点是太封闭且注重理论，不关注时事，缺少社会实践的机会，因此在社会服务职能方面功能十分薄弱。一直到工业社会的到来，随着知识经济的地位不断提升，大学的社会服务职能才得以发展。英国有专家认为，大学的主要任务是传道授业，外界任何力量都不应该干扰科学知识的传授与实验数据的准确性。秉承这种理念的"大学"不算真正的大学，19世纪德国洪堡建立的柏林大学标志着现代意义的大学的诞生。中世纪的古典大学的任务主要是为国家培养官吏和神职人员，而柏林大学的建立使大学真正发挥应有的作用，成为进行科学研究、培养专业人才的阵地。大学的基本职能分为教学与研究两大块。由于柏林大学的创始人洪堡认为大学不仅应是研究学术、传授知识的地方，还要与社会需求联系起来，为国家与社会发展输送专业人才，因此大学在两个基本职能之上，又延伸出社会服务职能。一直到 19 世纪 30 年代，美国的高等教育得到发展，美国大学更加注重如何与社会建立紧密联系，比如斯坦福大学与加州大学以满足社会的发展需求为办学目标，把社会服务职能置于教育研究的基础职能之上。

大学精神作为社会主义先进文化的来源，是集体智慧的结晶与社会文明的成果，它的价值在于培养为社会主义现代化建设服务的专门性人才。对大学精神的传承与弘扬有利于提升中华民族的文化软实力，极大地推动社会的发展与进步。大学精神不同于大学理念和大学文化，大学文化包括物质实体与意识形态两方面，集中体现在制度体系与行为动态等层面；大学理念主要展现在管理制度、课程设置以及人才培养方式等层面；大学精神则指的是有关教学设计与校园文化的思想。这三者紧密联系，互相影响。大学精神是对大学理念的折射，蕴藏于大学理念之中，而大学文化是大学精神的载体。

总的来说，可以为大学精神做如下定义：大学精神作为社会意识形态的组成部分，蕴含于大学人的理想信念与价值追求之中，是大学人在实现自我价值与社会价值的过程中展现出的心理状态与精神面貌的集中体现，其本质是一种稳定的价值规范体系。

2. 大学精神的表现形式

大学精神的表现形式同时具有抽象性与具体性两种截然相反的特征。大学精神的抽象性在于它散发着一种神圣而高深的感觉，在大学文化的最高意识层面引领大学文化建设；大学精神的具体性体现在大学校园的边边角角，比如大学的石刻雕像、文化广场、建筑群落等都是大学精神的表现符号。大学精神离不开高校的管理制度，有利于大学人规范自身行为，在校园中形成良好的学习氛围。

（1）物质化表现

大学精神是一种意识层面的文化形态，需要依托于物质载体而存在。而大学物质文化由大学人在长期的教育实践中构建的物质环境与设施组成，作为物质形态的表层，大学文化给人一种直接的感官刺激，可以有效唤起人们内心的情感认同，具有陶冶情操、启迪智慧的作用。高校的物质环境与教学设施是大学精神的物质化表现，物质环境的优劣直接影响到大学的教学效果。物质环境包括校园的建筑群落、名人雕像等，其规划与设计处处蕴含着大学精神，于无声中体现大学精神的价值。

（2）符号化表现

大学文化的符号包括校训、校旗、校徽以及校歌等，大学的管理风格与文化特色都蕴藏在这些精神图腾中，同时大学精神的传承与发展在这些独有的精神文化元素中得以体现。

（3）制度化表现

大学的规章制度、行为准则以及组织机构是大学精神的制度载体。大学的管理制度是综合大学的办学理念与治学风格来制订的，最终的实施体现着大学精神的内涵，也是彰显大学精神文化的保障。大学意志作为大学校园内必须严格遵守的文化类型，其强制性、规范性以及组织性体现在大学教学任务、培养目标、管理制度等方面。大学精神想要突破理论层面、发挥出实践育人效果离不开管理制度的保障。人在成长发展的过程中必须受到文化的熏陶和教育的规范，仅靠自发的行为很容易走错方向，因此，制度规范可以有效提高大学生对大学精神的认同，保障大学精神的凝聚与传播。

（4）行为化表现

大学人的教育实践活动中的行为文化是大学精神的凝练载体，是大学师生在教学科研与学习生活中的精神面貌、心理动态以及行为操守的集中体现。行为文化还体现着大学的校风、学风、教风以及人际关系动态，作为大学师生在长期的校园生活实践中形成的活动文化，蕴含着大学的办学理念。优美的文化生态、浓郁的学术氛围以及高雅的艺术活动都在大学行为文化活动的范围内，同时，教师的师德师貌也是大学精神的行为文化体现。

（二）新时代大学精神的本质特征

随着长达数百年的发展演变，大学已经具备了一定的形态规模。作为文化聚集效应场，大学的主要职能包括传授知识、科学研究、传承文化、服务社会等。大学特有的功能体系是大学精神的存在载体，大学精神的价值内涵丰富而稳定。大学对生命意义的关怀催生了以人为本的人文精神；大学对知识创新、教学科研的重视催生了独立自由的学术精神；工业革命对科学技术的需求产生了以创造为主的科学精神。立德树人是新时代大学精神的根本任务，培养出勇于承担社会责任、全力建设社会主义的接班人。

1. 以人为本的人文精神

在西方，大学以人文精神为传统文化；在中国，人文精神也是传统人文思想的体现。所谓"大学之道，在明明德，在亲民，在止于至善"，正是中国古代学校教育的办学理念与治学标准的阐释，简单来说就是从知识传承、意识提升、情感熏陶、道德培养四个方面完善统一人格，促进学生的全面发展。中华传统人文思想的代表是儒家文化，强调从培育君子人格提升到内圣外王的境界，作为人文教化的典范，倡导人性本善，旨在通过教育激发人性中的善意，使其人格完整统一。大学以中国传统人文思想为办学底蕴，正是因为中国传统人文思想承载着人文精神，才使大学精于科学的同时，也注重人文关怀，避免大学沦为职业工具。在当今时代，习近平总书记提出了"以人民为中心"的重要思想，而高校作为立德树人的主要阵地，更应响应国家号召，以人为本。正如习近平总书记在大会中强调："高校思想政治工作关系高校培养什么样的人、如何培养人以及为谁培养人这个根本问题。"❶ 大学文化的精髓都集中在大学精神里，人文精神注重以人为本，促进大学生德智体美劳全面发展。大学的人文精神崇善求美，强调人的价值与伦理规范，体现出人与社会、人与自然以及人与人之间关系的协调处理。

2. 独立自由的学术精神

首先，大学作为一种常见的学术组织，以客观探索真理为目的，因此在宣扬独立自由的学术精神的同时，更注重学术的神圣性。学术精神中的"独立"指的是独立思考与判断的能力，"自由"精神则指的是思想、学术、言论三方面的自由。自由精神的基础是独立精神，而独立精神的标志是自由精神。其次，大学作为一种挖掘学问深洞的学术机构，学术研究的本质因学术的真实、客观、公正而决定——独立自由。大学的神圣使命就是追求真理。大学人受到社会世俗与经济政治的双重压力，仍要保持头脑清醒与认知理性，拒绝多方诱惑，抱诚守真，在探索真理的路上勇往直前。最后，大学是塑造灵魂的教育圣地，旨在培养学生的自由探索精神，完善学生的理想人格。大学的办学原则与大学精神都体现在"思想自由，兼容并包"八个字上面。鼓励学生勇敢探索真理，接纳多元思想，自由发表言论，拥有独立、健全的人格。

3. 求真务实的科学精神

科学传统中的求真与求知精神是理性精神回归的象征。科学精神具有自觉创造意识与强烈的批判色彩，其本质是追究真理。一切科学研究要基于社会现实，着眼于服务社会。大学要保持本真，引领社会发展离不开求真务实的大学精神，强调提升学生感悟真理的能力，以培养创新型复合应用人才为教学目标。以哈佛大学为例，哈佛大学以对科学真理的不懈追求而闻名海外，成为万千学子梦想中

---

❶ 习近平谈治国理政（第二卷）［M］.北京：外文出版社，2017.

的伊甸园。放眼国内，西南联大在艰难的办学条件下，以实事求是的科学精神、尊重人才与创造的学术精神为治学准则，为祖国培养出很多复合型专业人才，它的成功案例是中国教育史上的奇迹。以上两所高校于万千学府中脱颖而出的秘诀就是坚持"求真务实"的学术精神。"求真务实"主要可以从三个层面进行分析：其一，实事求是。大学的基本职能为探求真理，研究事物的内在规律时要秉承着客观、公正的学术态度，不可主观臆测。伟大的领袖毛泽东于1941年为中央党校加了一条校训，即"实事求是"。浙江大学的校训由竺可桢设定为"求是创新"。由此可见，"实事求是"是大学创办的治学理念，是进行科学研究必不可少的准则。其二，批判精神。追寻真理的道路总是崎岖曲折的，真理是在无数谬误得以验证后才总结出来的，所谓"失败是成功之母"，只有敢于发表不同看法、敢于挑战"权威"，才能保证科学研究少走弯路。大学知识群体应秉着客观、公正、理智的原则对错误思想进行改正，树立以"知识"为权威的大学氛围，而不是盲目笃信某位德高望重的教授。大学知识群体应关注社会时事，敢于针对社会现实向政府谏言，切实为改善民生民情作出贡献。其三，创新精神。大学精神的核心即为创新。大学不断创新，才有生命活力。大学知识群体在学术科研领域不能墨守成规，要勇于开拓新领域，重点培养专业人才的创新意识与创新思维，在时代的快速发展中力争上游，引领革新。

二、文化自信对培育新时代大学精神的意义和价值

如今，中国的大学精神受到各种复杂因素的影响，比如高等教育规模扩张太快但软件跟不上、社会处于转型期等，不断呈现出弱化趋势：大学精神更倾向于强调创造利益价值的科研精神，忽略了以人为本的人文精神；随着社会的浮躁风气涌现，功利主义消解了理想主义，迎合世俗的扭曲价值观代替了独立批判的精神；科技的发展加强了对外文化交流，西方的文化和价值观在传入国内后，在青

少年群体间迅速传播、渗透，甚至影响到了高校的文化建设与学术话语权，一些人盲目崇拜西方文化价值与学术研究，直接照搬西方研究理论，对本民族的大学精神造成了严重的冲击。因此，在严峻的形势下重塑大学精神已迫在眉睫，直接影响着我国高等教育的未来发展与改革。要从根本上解决以上弱化趋势问题，首先要做的就是增强文化自信。党的十七届六中全会以及党的十八大都提出建设社会主义文化强国的关键在于加强文化自觉与文化自信。"文化自信，是一个国家、一个民族、一个政党对自身文化价值的充分肯定，对自身文化生命力的坚定信念。"❶ 由此可以看出，文化自信在当代中国文化发展中占据着重要地位，引导着我国高校的文化建设工作。文化自信是大学精神培育的基础，从这个角度来说，树立文化自信就是在对大学自身文化价值有充分认知的情况下，坚定文化信念，大力推动校园文化建设，顺应新时代的发展要求，培育优秀的大学精神。习近平在党的十九大报告中指出："没有高度的文化自信，没有文化的繁荣兴盛，就没有中华民族伟大复兴。"❷ 文化自信在精神领域为社会主义强国的建设以及民族伟大复兴的实现提供支撑，也为新时代大学精神的培育提供了基础。

（一）文化自信是弘扬和培育大学精神的必要前提

"文化自信，是更基础、更广泛、更深厚的自信，是更基本、更深沉、更持久的力量。坚定文化自信，是事关国运兴衰、事关文化安全、事关民族精神独立性的大问题。"❸ 要树立文化自信，首先要充分肯定大学自身文化与传统，反过来说，大学具有的文化自信程度也决定了大学自身的文化建构水平与大学精神的培育状况。总的来说，大学文化的繁荣发展受到文化自信程度限制。没有建立足够

---

❶ 云杉. 文化自觉文化自信文化自强——对繁荣发展中国特色社会主义文化的思考 [J]. 红旗文稿，2010（16）：4–8.

❷ 习近平. 决胜全面建成小康社会夺取新时代中国特色社会主义伟大胜利 [N]. 人民日报，2017–10–28（01）.

❸ 习近平关于社会主义文化建设论述摘编 [G]. 北京：中央文献出版社，2017.

的文化自信不仅会弱化大学精神，还会制约大学的校园文化建设工作。"当下文化多元泛滥，各种文化跃迁风起云涌"❶，在经济全球化、大数据时代以及文化多元的背景下，思想文化思潮的渗透、传播很大程度上影响着人们的生活方式与价值取向，而高校正处在文化传播与思想文化交汇的中心，首当其冲受到多元文化的冲击。在这种形势下催生了两种不健康的文化心理：其一是文化自负，只认同本民族的文化传统，对所有的外来文化不屑一顾，故步自封的结果就是被时代落下，思想僵化，泯灭了创新意识与创新思维，终将被时代彻底抛弃；其二为文化自卑，对自身文化价值的认知不清晰，一味地崇洋媚外，盲目笃信西方的文化思想与科研理论，认为中国传统文化陈旧落后，对西方文化全盘照搬。由于高校文化建设的不足以及大学精神的弱势，导致大学人对自身文化缺乏科学的认识，虽然这两种文化心理在文化的价值选择上截然不同，但实质都是缺乏文化自信。要树立高度的文化自信，需要结合大学自身文化的历史、现状与发展趋势，同时对大学的传统文化和生命力具有坚定信念，并紧跟时代的发展脚步，不断改革创新，积淀深厚的民族文化底蕴，塑造具有鲜明特征的大学文化与大学精神，推动高校的改革与发展。国务院于2015年11月颁布的《统筹推进世界一流大学和一流学科建设总体方案》中明确指出："加强大学文化建设，增强文化自觉和制度自信，形成推动社会进步、引领文明进程、各具特色的一流大学精神和大学文化。"❷在当今多元文化的时代背景下，一所大学想要脱颖而出，关键就在于基础文化建设的加强，树立高度文化自信，培育优质大学精神。意识形态领域的支持是建设双一流大学的精神保障，没有高度的文化自信，双一流大学的建设就缺乏基础支撑，地基不牢，在多元文化的冲击下，高楼大厦终将塌陷。

---

❶ 康淑霞. 主流文化认同：道德教育的价值根据与基础［J］. 东北师大学报：哲学社会科学版，2016（4）：195–199.
❷ 中华人民共和国国务院公报［R］. 2015（32）：112.

（二）文化自信是实现大学精神发展创新的重要保障

在一定的历史条件与背景下，大学的文化与精神都会随着外部的时代发展以及内部的条件变化而不断改变，最终趋向于稳定。也正是因为不断的革新，大学文化与大学精神才焕发出蓬勃的活力。世界上被国际认同的双一流大学各具特色，在治学风格与发展模式等方面都各有所长，唯一的共性就是校园的文化建设普遍十分到位。这些百年老校都具有浓厚的历史文化底蕴，并且随着时代的发展不断革新改进，在大学文化与大学精神的构建上均投入不小，比如：耶鲁大学的"耶鲁精神"以"思想独立、学术自由"为标志；哈佛大学的"哈佛精神"以"求是崇真"为标志；牛津大学的"牛津精神"以"独立、执着、自信"为标志。这些名牌高校在自身悠久的历史文化传统的基础上提炼出的校训，都是凝练的精华，符合高校长期发展的现实需要，为自身数百年的发展提供力量源泉。中国现代的大学在中国传统文化的影响与熏陶下，既要保持谦逊态度，借鉴西方优秀大学的办学经验，又要把握学习的分寸，以适应中国的历史传统和文化环境。由此可以看出，我国大学的建设与发展需要在中国传统文化的基础上培育优秀的大学精神作为意识形态领域的精神支撑，杜绝全盘照搬西方文化、崇洋媚外的现象出现。中国的大学必须具有鲜明的中国特色，在建设过程中，应顺应时代变迁的潮流，加强自身文化建设，在大学精神的培育中体现大学的生命力与价值，既要继承传统文化，也要适时革新，创造满足现实需要的新理念，丰富大学文化的内容。大学精神具有历史性与时代性的特质，两个特性的统一也内在地决定了文化自信的价值。所谓"文化自信"，可以从两个方面分析其内涵：其一，传承和弘扬中华优秀的传统文化。其二，高度认同与肯定中国共产党创造的革命文化与社会主义先进文化。近代以来，中国的革命与建设发展历程直接影响着中国大学的创办与发展，两者紧密联系，同步发展，相互促进。由此，中国大学文化与大学精神的塑造可以从中国革命建设中形成的革命文化与社会先进文化中汲取灵感和资源，用中华优秀的传统文化土壤培育中国大学文化与精神，革命文化和社会主义先进文化则化作养料，丰沃文化的土壤。将中华优秀的传统文化与大学自身的校园文化有机结合，通过弘扬大学文化与大学精神来建设高度的文化自信。同时，在借鉴西方文化成果的同时注意尺度，避免"全盘西化"的错误思想，需要将现代中国的先进文化与大学的校园文化建设工作结合起来，丰富大学文化的内涵，结合社会实际创造出具有中国特色的大学精神。

三、以高度的文化自信推进新时代大学精神的培育和发展

马克思指出："人们自己创造自己的历史，但是他们并不是随心所欲地创造，并不是在他们自己选定的条件下创造，而是在直接碰到的、既定的、从过去承继下来的条件下创造。"❶任何文化的发展与创新都会受到外部环境的影响，特定的历史条件与现实背景会对文化的发展产生促进或者限制作用。如今，高校之间竞争激烈，想要在万千学府中出类拔萃，必须从加强文化自信入手，综合考虑大学自身的文化建设现状与当时的社会环境，组织、创新文化活动，采取一系列有效举措为大学精神的培育和发展添砖加瓦。

（一）传承和弘扬中华优秀传统文化，巩固大学精神之本

中国的大学历经战火硝烟，克服重重困难，不断发展壮大，靠的就是中国大学精神的理念支撑，大学精神在中华优秀的传统文化土壤上受到滋养，不断完善、丰富，发展成为符合社会现实需求的动力源泉，为大学的文化建设指引方向、补充力量。百年大学依靠着浓厚的历史文化底蕴，在漫长的发展历程中不畏艰难困苦，积极求变，不断革新，凭借着勇往直前与百折不挠的理想信念，在战火中得以保存，在如今的和平年代，大学精神如冬日梅花饱经磨砺而愈加丰润。

---

❶　马克思恩格斯文集第 2 卷［M］. 北京：人民出版社，2009.

中国大学从广大渊博的中华传统文化中汲取了许多优秀的思想理念，比如倡导"天人合一"的和谐思想、注重人文的"以人为本"理念、"天下为公"的道德情怀等。这些优秀的思想理念不仅推动着中华民族的繁荣发展，也为大学精神的生长提供了不竭动力。新时代的大学精神的培育需要建立在文化自信的基础上，文化自信的树立则要从加强大学人对中华传统文化的自信入手，在大学精神的培育过程中，中华优秀传统文化的价值和意义应受到重视。首先应大力宣传和普及中华传统文化思想价值和精神理念。通过多元渠道举办宣传教育活动，如增设传统文化的相关课程、邀请知名教授开设线上讲座，以及举办不同形式的读书研讨会等，以加深全体师生对中华民族传统文化的认识与重视。另外，通过各种渠道将中华传统文化融入高校自身的文化建设当中去，向广大师生大力宣传校训、校史等文化内涵，特别是对学校历史中的优秀人物诸如思想家、革命家、艺术家等的光辉事迹进行宣传，为广大师生树立学习奋斗的目标和榜样，在潜移默化中提升全体师生对本土文化与大学文化的自信心。最后，高校应整合校内外的资源与优势，在顺应时代发展的前提下，对传统文化进行深度挖掘，提炼出精华融入大学文化与大学精神中去，丰富大学的文化底蕴。不能简单粗暴地对中华传统文化进行直接汲取与借鉴，要结合大学文化建设的现状，以符合时代需求为前提，对中华传统文化进行创造性转化，促进大学的文化建设进程的发展，为新时代的大学精神的培育奠定基础。

（二）培育和践行社会主义核心价值观，凝聚大学精神之魂

社会现实与国内外文化环境都影响着大学精神的培育与塑造。中国是社会主义国家，新时代中国大学的光荣使命之一就是为祖国和社会培养和输送能为社会主义建设事业添砖加瓦的接班人。因此，中国特色社会主义事业的发展决定了新时代大学精神的培育方向。中国的社会性质决定了大学精神应符合社会主义核

心价值观。社会主义核心价值观同时是社会主义先进文化与大学精神的核心与灵魂，直接决定了文化的性质和方向，引领着中国特色社会主义文化建设与各项文化建设，对培育大学精神有极大的促进作用。因此，以社会主义核心价值观熔铸大学精神可以从以下几点分析。其一，建立相应的激励机制，采取各种有效措施来调动广大高校教育者的主观能动性，各自发挥潜能推动社会主义核心价值观的宣传教育工作。加强教师的综合素质，在看重专业知识和教学能力的同时，也要考察教师的师德师风、人品道德。教师言传身教的工作性质使教师本身就是学生的榜样，因此更要以身作则，在科研、教学之余，积极投身于社会主义核心价值观的学习践行中去，起好带头作用。其二，以思想政治理论课课堂为主阵地，教师应丰富思政课的知识内容，创新授课形式，激发大学生的兴趣，避免思政课教育流于形式，要切切实实让大学生了解社会主义核心价值观的内涵，为大学生塑造正确的、积极的价值观念与理想信念。其三，广泛运用高校校园中的宣传媒介，对社会主义核心价值观进行多渠道、全覆盖的深层次宣传。比如，在校报的醒目位置刊登社会主义核心价值观的相关文章，同时利用课间校园广播进行宣读；建立互联网校园交流平台，开辟交流互动板块，吸引全体师生畅所欲言，进行对社会主义核心价值观的讨论；等等。

第五章　新时代高校文化育人体系的构建路径

本章共包含三方面内容：新时代高校文化育人体系的构建思路、新时代高校文化育人体系的实施体系以及新时代高校文化育人体系的保障。

第一节　新时代高校文化育人体系的构建思路

新时代高校文化育人体系是一个由多种要素与多种环节共同组成的系统工程，其中各个环节对接流畅，互相支持。结合高等教育的育人规律与人才成长的发展规律，新时代高校文化育人体系的构建应满足社会对高校的时代要求，尤其在人才培养方面应更加审慎。实施体系、保障体系以及评价体系这三个子系统共同组成了新时代高校文化育人体系的基本框架。三个子系统各有职责，实施体系为高校文化育人的主体；保障体系则主要保障文化育人目标的顺利完成；评价体系的评价对象是实施体系，对高校文化育人的实施主体进行综合客观的考评。总的来说，保障体系与评价体系承担着"两翼"的作用，因此，我们将新时代高校文化育人体系的构建思路设定为"一体两翼"，如图 5-1-1 所示。

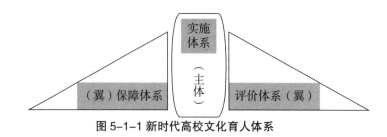

图 5-1-1 新时代高校文化育人体系

一、新时代高校文化育人体系构建的基本原则

原则引导行为，原则是一切决策与行动的依据。毛泽东同志曾经说过："理论与实践的统一，是马克思主义的一个基本原则。"❶ 在新时代高校文化育人体系的构建中，应牢牢把握四个原则。

（一）育人性原则

新时代高校文化育人体系的构建任务就是实现精准优质的育人工作。这项工作具体来说就是在意识形态领域对大学生群体进行思想政治教育，使其思想与行为符合新时代社会主义核心价值观的要求。如今，我国高校的首要目标就是"立德树人"，所谓"育人为本、德育为先"，自古以来，德育的重要性都在智育的前面。试想，一个没有道德的专业人才，不仅不会为社会发展进步作出贡献，反而会因为一己私欲做出损害国家与人民的事情，何其可怕。因此，学艺先学德，这就需要大力开拓传统思想政治教育渠道，推动新时代高校文化育人体系的构建，为祖国和社会培养输送德才兼备的专业复合型人才。

（二）时代性原则

"时代性"体现在新时代的特征与要求中，新时代下的中国特色社会的主要矛盾也因时代的变迁发生了根本性的变化。党和社会赋予高等教育的任务之一就是解决社会主要矛盾，推动社会进步与发展，为清除发展道路中遇到的阻碍积蓄力量。由此可得，在新时代的发展趋势下，以符合新时代的要求以及人民群众的期待为前提，构建高校文化育人体系应把握时代特色，积蓄力量解决社会新矛盾。

---

❶ 毛泽东选集（第五卷）[M].北京：人民出版社，1977.

（三）系统性原则

构建新时代高校文化育人体系是一项大系统包含子系统的系统性的工程。从文化育人体系的角度看，实施体系、保障体系、评价体系等共同组成了文化育人体系这个大系统。站在思想政治教育甚至高校育人体系的高处来看，文化育人体系也只是大系统中的一个子系统。站在系统论的角度上来说，新时代高校文化育人体系的构建，上连大系统，下通子系统，要做到相互之间对接流畅、协调运行，少不了借助系统思维与系统观念的支持。

二、构建"一体两翼"的文化育人体系

（一）实施体系

在新时代高校文化育人体系中，实施体系占据着主体与核心地位，没有实施体系，新时代高校就无法开展文化育人工作。因此，要深入挖掘文化育人的实施体系的相关要素，结合各个高校的实际情况，制订切合实际的人才培养计划，加强文化育人实施体系的相关研究，为实施体系找到合适的定位。

（二）保障体系

保障体系作为"一体两翼"的新时代高校文化育人体系的子系统，主要由三个层面构成：制度保障、组织保障以及队伍保障。站在新时代党与国家对人才培养提出的特殊要求的角度上说，制度保障是高校党委与行政部门针对人才培养方案的设计与落实而制定的一系列相关规章制度。主要为了保障人才培养方案的顶层设计顺利在文化育人工程中落实到位。组织保障是建立在制度保障的基础上，在遵守高校相关制度的前提下，通过组织举办活动来调动广大师生的参与积极性，在文创活动中实现潜移默化的育人工作，同时，明确高校内相关职能部门的

权责范围，细化管理部门的职责要求，依托教师考核机制，对实施文化育人工作的各个环节进行客观地考察与审评，促进文化育人工作能惠及高校内的每一位莘莘学子。队伍保障的主要实施对象就是直接或者间接服务于高校文化育人工作的教师辅导员队伍。为了满足高校文化育人工作的丰富需求，必须打造一支综合性的服务队伍，队内人员来自不同群体如辅导员、思政课教师、专业课教师、党委部门管理层人员、社团优秀学生代表等。队内按照服务性质与内容可分为不同小组，明确分工，互相协调，提高文化育人以及服务意识，提高育人与服务能力。

（三）评价体系

评价体系的主要任务就是对新时代高校文化育人体系的实施主体进行审评，主要考核实施主体的文化育人工作效果。同时，依托信息反馈机制，将评价结果及时反馈给实施人员，以便促进他们对自身的工作不断整改和完善。评价体系的关键作用就是督促文化育人体系不断革新与改进，在思想政治教育评价体系中占据着重要地位。在"大思政"理念的背景下，打破思维惯式，突破思想束缚，以公正、客观的行为准则推动思想政治教育的实践工作。

三、构建"一体两翼"的文化育人的协同机制

文化育人体系的构建理论主要为"一体两翼"构想方案，要将理论付诸实践，还需要各个环节的协调与试验，此过程相当复杂，也是一项系统性的大工程。在文化育人的相同目标下，系统中的各个环节与层级聚集力量，共同发力，尤其要保障部门、课程、资源等方面的协调配合。

（一）部门协同

高校的各个部门共同推进文化育人工作的实施，各个部门分别从各自的职

责范围与视角积蓄力量，发挥效应，彼此之间虽然分工明确，但目标一致，联系紧密，需要高度配合，这就是所谓的"部门协同"。在思想政治教育方面，党委宣传部门应担起责任，使文化育人工作更好地融入思想政治教育范畴；在日常教学管理方面，教务部门负责规划课程设计与学期任务，部门工作人员应引领教师挖掘课程中的文化元素，共同推进文化育人工作的开展。总的来说，高校的各个部门之间应秉承着"以人为本"的教育原则，把学生当作教育主体，丰富教育形式，协调配合，共同营造校园文化育人氛围。

（二）课程协同

所谓课程协同，就是辅导员与思政课教师以及其他专业课教师共同合作，以思想政治教育理论课为主体，深层挖掘各个专业课程中的文化育人元素，把文化育人工作融入日常的专业课知识技能讲授中。习近平总书记在全国高校思想政治工作会议上强调指出："要用好课堂教学这个主渠道……提升思想政治理论课亲和力和针对性，满足学生成长发展需求和期待，其他各门课程都要守好一段渠、种好责任田，使各类课程与思想政治理论课同向同行，形成协同效应。"❶

（三）资源协同

所谓资源协同，就在高度重视文化育人工作的前提下，高校相关部门整合校内与校外所有的资源，在合理分配的基础上，向文化育人工作给予一定的倾斜与支持。作为健全学生思想人格、培养高尚品行的育人活动，高校的文化育人工作实施的主体之一是教师，因此，对高校的教师队伍的整体综合素质应重点加强。依托完善的教师考评机制，在关注课堂授课表现的同时，也要对教师的个人品行

---

❶ 习近平在高校思想政治工作会议上强调：把思想政治工作贯穿于教育教学全过程开创我国高等教育的新局面［N］.人民日报，2016-12-09（1）.

与师德师风进行审慎的、多渠道的了解与考核。基于教师言传身教的工作性质，教师要以身作则，积极引领学生配合参与文化育人工作。另外，校园环境对文化育人工作来说是一项不容忽视的物质资源，相关部门应将文化元素融入校园的每一个角落，营造浓厚的文化氛围。

综上所述，还有很多需要协调的要素，只有新时代高校文化育人系统中的每个环节都能协调配合、共同发力，才能使文化育人工作事半功倍。

第二节　新时代高校文化育人体系的实施体系

在对大学生的培养过程中，需要结合丰富的文化育人资源，陶冶大学生的爱国情怀，塑造大学生的价值观和人生观，深化大学生对本民族文化的了解，从而提升其文化自信。高校发挥育人作用的物质资源包括环境、课程与实践。把文化元素融入校园里的建筑雕像、花花草草，营造浓厚的文化环境；课程是对大学生进行文化教育的主阵地，不仅包括思想政治理论课，还要在各门专业课里挖掘文化元素，对学生的思想道德进行熏陶；实践则是组织各种活动为大学生提供将理论知识付诸现实的机会。这三者在共同的育人目标下用不同的方式组成了新时代高校文化育人体系的实施体系的基本框架。

一、丰富文化课程

钱穆先生曾指出："现代的大学教育是课程中心的。"[1] 课程作为教育者与大学生之间沟通交流的主要渠道，学校教育者在课程目标的要求下制订每学期的课程计划，教师在课程中向学生传授专业知识与技能，因此，课程内容的丰富性与课

---

[1] 钱穆．新亚遗铎［M］．北京：九州出版社，2011.

程形式的创新性直接影响教学效果。

高校的课程从形式上分为必修课与选修课，从内容上分为专业课与公共课，另外还包括实践课程。专业课作为大学生培养专业素养和提高专业技能的平台，主要为大学生提供专业基础知识、核心知识以及补充知识。公共课是拓展大学生视野、提高人文素养、培养艺术情怀的通识教育，公共课的主要目的不是传授专业知识，而是从全面发展的角度帮助大学生塑造独立的人格。实践课程注重实验性，锻炼大学生的实践动手能力，在大学教育中必不可少。不同的课程分类的教育内容不同，但多多少少都具有文化元素。表面显性专业知识下蕴藏的是隐性的文化内涵，教育者需要精心设计课程内容，发挥课程隐性的文化育人功能。

（一）加强思想政治理论课建设

习近平总书记在全国学校思想政治理论课教师座谈会上指出："思想政治理论课是落实立德树人根本任务的关键课程。我们办中国特色社会主义教育，就是要理直气壮开好思政课，用新时代中国特色社会主义思想铸魂育人。"❶社会主义办学方向需要从思想政治理论课的加强建设入手，培养新时代高素质人才的本色。从塑造大学生的世界观、人生观与价值观等三方面实现文化育人效应，而思想政治理论课程是塑造大学生三观、提高其思想品德的主要渠道，因此要重点加强，不能流于形式。

（二）加强"课程思政"

"课程思政"就是深层挖掘各门专业课程中的思政教育元素，发挥其隐性的

---

❶ 张烁．用新时代中国特色社会主义思想铸魂育人贯彻党的教育方针落实立德树人根本任务［N］．人民日报，2019-03-19（1）．

文化育人功能。比如，在自然科学中可以借助对科学探索、无私奉献等精神的挖掘对大学生展开思想政治教育，在"三全育人"的理念下，将各类专业课程与思想政治理论课并重，依托于协同机制，以"立德树人"为教育目标，推动新时代高校文化育人工作。

二、打造文化环境

大学环境包括自然环境与社会环境，自然环境指的是与大学教育相关的所有物质资源，比如建筑群落、课堂设施等；社会环境则指的是教师与学生之间、学生与学生之间的关系处理以及教学氛围。大学环境的优劣直接关系到文化育人的效果。以著名教育家涂又光先生的"泡菜理论"为例，他指出泡菜的味道取决于泡菜汤的味道好坏，如果把大学生比喻成泡菜，那么校园环境就是泡菜汤，在大学环境的"浸泡"下，大学生的思想品德与行为准则都受到极大的影响，因此，校园环境十分重要，它承载着文化内涵与精神象征，是学校精神面貌的展现，具有隐性的文化教育功能。

新时代高校在本质上属于文化机构，高校的文化环境包括"物化"与"非物化"两种，"物化"文化环境指的是大学里的建筑群落、绿化景观等物质设施；"非物化"文化环境指的是师生间的教学氛围、意识形态以及精神面貌等。物化环境中的一草一木都承载着学校的悠久历史与文明，一砖一瓦都展现着学校的精神气质与文化内涵，这些静态元素都在无形中"浸泡"着身处其中的大学生群体，潜移默化中感染着大学生的思想与情操。非物化环境则强调学校教学氛围的营造，学校的办学理念、校风校纪就像花房里的花香，无时无刻不在浸润着广大师生，在意识形态领域，教师与学生应有共同的价值观与人生观。大学精神的面貌体现在校训、校歌以及校徽上。教育者要利用课程、活动等物质载体把非物化的文化环境具象化，营造高校独具特色的文化环境。

三、组织文化实践

美国人类学家马文·哈里斯指出："仪式是文化的一个组成部分，它的过程表达着丰富的文化内涵，同时，也是某种文化内容的浓缩。"❶组织文化实践就是高校文化生活仪式化的一种方式，也是纪念文化的一种体现。开展高校文化活动以及社会实践是高校组织文化实践的两种具体形式。

校园文化活动的组织者一般分为两种，学校部门或者学生社团。学校负责引领意识形态、弘扬传统文化，牵头组织诸如学术讲座、传统文艺表演、知识竞赛等文化活动，在展现学校精神面貌的同时彰显民族特色。学生社团组织文化活动主要依靠自身的群众性与号召性，学生骨干的思想更加活跃，对学生群体的兴趣与心理的把握更加准确，所以学生社团自行开展的诸如音乐节、汉服展、校园歌手大赛等活动更加受到学生群体的欢迎，有效提高了大学生的参与度。在组织举办文化活动的过程中，学生的课余需求得到了满足，同时也锻炼了学生的实践策划能力。我们从以下三个方面介绍各高校开展组织文化实践的要点。

（一）坚持社会主义核心价值观

习近平总书记多次强调："把培育和弘扬社会主义核心价值观作为凝魂聚气、强基固本的基础工程，广泛开展社会主义核心价值观宣传教育。"❷这就对青少年群体提出了要求，青少年的行为要符合社会主义核心价值观，尤其在社会实践中，青少年应身体力行地践行社会主义核心价值观，为全社会广大群众做出表率。

❶ 李峰，王元彬.高校文化育人工作的机制与载体研究［J］.当代教育与文化，2014，6（03）：73-77.
❷ 把培育和弘扬社会主义核心价值观作为凝魂聚气强基固本的基础工程［N］.人民日报，2014-02-26（1）.

（二）注重发挥学生的自主性

高校应培养大学生的自主学习能力，在各种文化活动的筹备与开展过程中，大学生的实践策划能力得到了锻炼和施展，有利于将学到的理论知识与实践活动相融合，从而对所学技能融会贯通。因此，高校应提供资源支持大学生自主开办文化活动，让大学生成为传承中华优秀文化的主力军。

（三）丰富文化实践的内容和形式

在紧跟学科发展、掌握时政热点的基础上，组织文化实践活动要站在世界大格局上，弘扬中华优秀的传统文化与社会主义主旋律。以西安交通大学与新疆大学的两校联合为例，2011—2020 年，两校的学生在"爱国爱党"的核心思想下，共同开展暑期社会实践。围绕着祖国与人民，两校学生紧跟社会时事，设计实践方案与策略，以促进民族团结为目标，弘扬并传承中华传统的民族文化与无私奉献的精神。

第三节　新时代高校文化育人体系的保障

一、完善新时代高校文化育人制度

作为行动的依据与保障，制度体系的完善十分重要。合理规范制度是构建与落实新时代高校文化育人体系的基础，高校党委与行政部门要满足党和国家的要求制定人才培养方案，使新时代高校文化育人工作的每一个环节都得到落实。新时代高校的核心是在坚持中国特色的基础上达到世界一流教学水平，高校的根本目标是"立德树人"，立德排在智育的前面，足以证明对大学生的思想政治教育工作的开展是十分重视的。在人才培养方案中挖掘文化育人元素，将文化的教育功能融入培养定位、培养目标、培养标准、培养理念以及培养模式中，全方位打造具有隐性育人效应的人才培养方案。首先，对人才培养精准定位，着眼于世界与未来，新时代高校要依托于完善的文化育人体系，拓宽大学生的学科视野，提高大学生的思想道德。结合高校的实际办学情况，坚持民族文化特色，对人才培养与服务进行精准定位。其次，在人才培养的方针中，加入"以文化人、以文育人"的理念。借助中国优秀历史文化精华，提升全体师生的文化素养与道德情操。在学校的培养目标中加入陶冶人文情怀、拓展人文视野等。其次，制定统一的多元衡量标准，包括文化的认知、厚度、底蕴、品味、体验以及境界等。同时建立完善的评价体系对文化课程、文化活动与文化实践进行系统的质量评价。最后，高校要将国内外的优秀文化与校内本土文化有机结合，使人才培养模式具有中国特色与大学精神，站在长远发展的角度，在国际上推广校园文化品牌。

二、落实新时代高校文化育人组织

新时代高校文化育人组织的职责是明确学校各个层级的分工，使之在文化育人工作的各个环节中发挥各自的效应，依托完善的制度体系，调动广大师生的主观能动性，提高师生对文化育人工作的参与度。同时，建立系统的考评机制，对文化育人的各项工作的实施主体进行客观的审核，并及时将考核结果反馈给实施主体，以便促进高校文化育人工作的改进与革新。高校党委、行政部门、教务处、团委等共同构成了高校文化育人的组织机构。学校党委与行政部门是组织机构的领导层，统筹全局，对文化育人工作的方向起着决策作用。教务处是负责教师与学生工作与学习的管理部门，在高校的文化育人环节中主要负责在对教师的规范与学生的要求中加入文化育人的元素与标准，为师生制定科学合理的量化目标。团委的全称是大学共青团员委员会，通过开展创新创业、志愿服务以及校园文化节等活动在思想上对大学生进行引领、教育工作。团委的工作性质使它更接近学生群体，更了解大学生的思想动态与心理需求，团委应把握这个优势，创新团建活动的形式，推动高校文化育人工作的开展。

三、建强新时代高校文化育人队伍

习近平总书记在全国高校思想政治工作会议上指出："长期以来，高校思想政治工作队伍兢兢业业、甘于奉献、奋发有为，为高等教育事业发展作出了重要贡献。"❶ 由此可以看出，新时代高校文化育人工作的顺利实施离不开队伍建设。作为子系统保障体系的重要组成部分，队伍建设包括管理小组、服务小组、教师小组以及学生社团代表小组，各个小组之间通力合作，共同保障新时代高校文化育人体系的人力资源与智力资源的提供。其中，管理小组主要由高校的管理层干部组成，包括党委干部、院系干部以及行政干部。管理小组的任务是对高校的整个文化育人工作进行统筹规划，为了加强对文化育人机构与个人的监督，管理小组还负责制定相关的文化育人制度以及考评机制。作为高校文化育人工作的组织者，管理小组要承担起责任，处事公正、思虑周全，提高组内人员的统筹策划能力，以保证文化育人工作开展的有序性。服务小组主要包括教学辅助人员以及工勤服务人员等，他们并不直接参与文化育人活动，但这并不代表服务小组的工作不重要，他们的服务态度与服务质量都对学生起着"润物细无声"的作用，因此，高校相关部门需要提升服务小组的整体文化素质。教师小组是实施文化育人工作的主体，因此，提升教师小组的综合素质更加迫切。应重点加强教师队伍对文化育人活动的重视，打破思维定式，在注重专业知识与技能传授的同时，也要对意识形态领域的思想文化教育给予足够的重视，在了解文化育人的功能与价值

---

❶　张烁. 把思想政治工作贯穿教育教学全过程开创我国高等教育事业发展新局面［N］. 人民日报，2016-12-09（1）.

的基础上，创新文化教育的手段与形式，使大学生群体更加容易接受。学生社团代表小组的成员主要是由学生自发组织的社团中的学生骨干，结合各个文化社团的特色，利用学生骨干在学生群体中的号召力，配合各种活泼的活动形式，引导更多的大学生积极参与到文化育人活动中，提升大学生的文化自信。

第六章　新时代高校文化育人的发展趋势

本章共分成四节来阐述新时代高校文化育人的相关发展，分别是创新新时代高校文化育人理念、丰富新时代高校文化育人内容。

第一节　创新新时代高校文化育人理念

文化对学校来说是非常重要的，高校文化育人建设是高校在办学过程中是必不可少的，并且文化育人能够提高高校办学质量，能够增加高校办学特色，也能为高校各项工作的实施提供动力。除此之外，高校开展文化育人工作能够为校园的安定提供保障，也能让大学生的校园生活变得更加和谐，更能推进高校社会主义先进文化建设。文化育人工作的展开不仅能够满足高校文化建设方面的需求，也能满足高校良好文化环境营造方面的需求。在高校文化育人过程中，不仅突出了高校自身的文化特色，还向大学生传递了文化正能量，将自身的文化魅力散发了出来。

一、拓展高校文化的育人思路

目前，互联网技术快速发展，也得到了广泛应用，高校文化育人也随之快速发展，校园建设变得更加科学化和规范化。由此可见，互联网技术的应用是高校开展文化育人工作的重要途径。

（一）动员全体师生，让他们积极参与高校文化育人建设

文化育人是高校开展思想政治教育工作中的重要环节，并且能够促进校园文化的建设，能够将广大师生的力量凝聚起来，共同为校园文化建设而努力。部分高校并没有清楚地意识到文化建设的主体是谁，在老师、学生、学生处、团委、后勤等角色之间左右徘徊，这样非常不利于文化育人工作的开展。因此，高校首先应该理清各个校园角色之间的关系，明确各个角色的职责，让他们共同参与到高校文化育人工作中来。高校进行文化建设主要是为了服务高校、教育学生，为高校师生营造一个良好的学习氛围，因此，高校全体师生应该共同参与到文化建设中来。高校文化建设的主体不仅包括所有的教师和学生，也包括学校领导、院系领导及其他相关工作人员，他们应该共同为校园文化建设而努力，在资金、技术、人力等方面为校园文化建设提供有力保障。师生作为文化建设的主体，参与了校园文化的建设和管理，并从中获得了益处。应该明确各个主体的职责，将他们的主体性和积极性充分调动起来；也应该明确各个主体的主要工作内容。在举办文化建设相关活动时，各个主体应该建立合作关系，协同规划各项活动，并合力组织和展开各项活动。每项活动的规划、组织、展开都不是单独依靠一个部门或者一个人就能完成的，而是需要各个部门之间大力合作，需要广大师生的积极参与。因此，在高校文化建设过程中，各个主体之间要形成合力，每个人、每个部门都应该承担自己的责任，都应该为之而努力。

（二）抢先占领高校文化育人的新媒体阵地

高校传统校园活动主要包含举办各种类型的运动会、诗歌朗诵比赛、音乐鉴赏活动、先进事迹或先进模范评选活动、寝室卫生评比活动等等，高校通过举办这些活动来进行文化育人。这些活动虽然具有文化育人功能，但是仍有一定的局限性。比如，活动举办的时间不会太长，举办一场运动会也就花费两到三天的时

间，举办一场诗歌朗诵比赛只需一到两个小时即可；除此之外，活动涉及的范围是比较小的，其影响力也没有那么大。互联网技术让高校文化育人的模式发生了翻天覆地的变化，不仅促进了高校文化的传播，提高了传播的时效性，让传播的过程变得更加生动，还让更多的学生受到文化的感染。微博、微信、QQ 等通信软件具有强大的即时性，它们的使用提高了校园文化传播的时效性。目前，大学生几乎每人一部智能手机，他们通过手机随时记录生活中的趣事和感人事迹，制作成视频发布到网络平台，每个大学生不仅充当了新闻媒体工作者的角色，还充当了新闻报道传播者的角色。虽然在网络中充斥着各种不良信息，形成了不良网络文化，但是正能量的信息仍然在网络中占据主导地位。因此，高校在网络文化建设过程中，应该进一步拓展网络媒介，对身边的好人好事进行及时传播和宣传，从而将正能量的信息传播出去，营造一个充满正能量的网络文化氛围，进而促进高校朝着更加健康的网络文化方向发展。

（三）丰富高校文化建设的内涵

高校传统文化育人的内涵一般体现在高校的校训、校风以及学风上，不同的高校的校园文化内涵体现出了各自的特色。不同的高校，所重视的内容是不同的，有的学校注重文化建设，有的学校注重培养学生的综合素质，有的学校注重培养学生的专业技能。总而言之，不同的高校，拥有不同的校园文化特色，所体现的文化育人内涵也不同。高校文化育人强调为学生营造一个适合育人的文化环境，增强高校文化育人的深厚底蕴，将自身的文化育人特色充分展现出来，让文化育人的内涵得到丰富，让文化育人的形式变得更为多样，从而将高校文化育人的资源挖掘和开发出来。高校校园的文化内涵所包含的内容涉及方方面面，有政治立场方面的内容，有思想道德、价值观念上的内容，有审美体验上的内容，还有创新发展、师生关系和谐发展、良好社会心理形成等方面的内容，这些内容均通过不同的方式展现了出来。大学生文化修养的升华、文化素质的提升，所依靠的不仅是教学，还依靠周围环境对他们所产生的潜移默化的影响和熏陶。校园文化的传播和影响，不仅需要依靠各类校园活动的举办，还需要依靠广大师生的切身践行。高校文化育人的成效不是短时间内就能看到的，需要经过长时间的实践积累和不断的努力才能有所成效。因此，在高校文化育人建设过程中，不仅需要科学、有效的方法理念，也需要广大师生的高度关注。

二、突出高校文化育人建设的相应特征

高校文化育人具有基础性、广泛性、群众性的特点。高校文化育人就是在为良好的文化培养打下坚实的基础，为高校广大师生营造浓郁的文化学习氛围，让大学生在文化育人过程中收获益处，让大学生得到更好的发展。

（一）基础性的突出

大学生步入社会之后，主要通过两方面来体现出他们的发展潜力，一方面是扎实的专业基础，另一方面是深厚的文化素养，其中文化素养的比重相对要大。大学生的文化素养包含了众多方面，如文明礼貌、为人处世、宏观思维、管理能力、协调沟通能力、科学规划能力等等，这些在专业课堂上是很难学到的，需要校园文化的不断渗透，需要将文化育人的基础性工作做好。因此，基础性是高校文化育人的一个特点，其中高校文化育人的基础性工作就是建设一个良好的文化育人环境，如让校园环境变得更加优美，让教学楼变得更加井然有序，为学生营造一个干净整洁的教室，等等。高校在营造校园自然环境的过程中，还要传播自然知识，如为校园花草树木设置牌子，在牌子上注明花草树木的名字、习性、科目、原产地等介绍性文字，这样不仅能够培养大学生的自然知识，也能够培养大学生刻苦钻研的精神。在校园摆放一块刻有名人名言或者励志语句的石头，可能就会吸引一些学生的注意，从而引发他们的思考。

（二）广泛性的突出

高校文化育人具有广泛性，主要体现在以下几方面：

（1）高校文化育人的广泛性体现在文化育人对象上，文化育人对高校每一位师生的心灵都产生了积极影响。一个高校校园中，师生的数量能够达到上万人，高校校园是学生进行学习的重要场所，也是教师进行育人的重要场所，更是为社会培养人才的重要场所。

（2）高校文化育人涉及的范围广，高校校园的每个空间、每个场所以及学生的各种行为都体现了校园文化，都与文化育人有关。校园的各种装饰图案有的高雅，有的庸俗；教师里学生的课桌有的杂乱无章，有的干净整洁；校园里的草坪有的被随意践踏、布满垃圾，有的生长旺盛、充满生机。校园的每一处地方都能反映出校园的文化层次。因此，广泛性也是校园文化的基本特征。高校在建设校园文化的过程中，应该发挥校园文化育人的功能，将社会主义核心价值观作为宣传的重中之重，并通过大学生乐于接受和喜欢的方式展现出来，从而潜移默化地对大学生进行社会主义核心价值观教育。

（三）群众性的突出

校园文化建设离不开广大师生的日常生活，校园文化是大学生学习和生活的真实写照。校园的美丽风景、标志性建筑、传统活动等，都是校园文化，都是广大师生所喜爱的。校园文化之所以能够得到大家的喜爱，是因为校园文化具有强大的群众基础，是接地气的。任何一种文化都离不开群众的实践生活，是群众所熟知的，又具有一定的艺术性质，这样的文化才能被更多的人接受，也才能被更多的人喜爱。因此，要想让校园文化深深地融入学生的实际学习和生活中，就要与学生的学习和生活更为贴近，也要加强校园文化的艺术性。

三、创新高校文化育人建设的相关新理念

高校校园文化的种类非常丰富，包括校园建筑文化、校园服饰文化、校园广场文化、校园饮食文化、校园节日文化、校园生态文化、校园教室文化等，要想将校园文化和其他教育紧密地结合起来，就需要提高高校师生的主动性和积极性，形成一种合力，共同为校园文化建设而努力奋斗。

（一）创新高校文化的相关管理机制

高校文化建设过程中涉及学校的各个部门，每个部门都有自己的职责。校园文化活动的组织和安排一般是由学校团委和学生处负责的，宣传部门和马克思主义学院共同对校园文化活动的政治性和思想性进行审核把关，学院办公室的工作职责是进行对外活动的协调联络工作，后勤部门主要负责校园环境的维护和美化，各个部门之间应该形成一种合力，相互配合，相互支持，这样才能更好地进行校园文化建设，才能为学生营造一个良好的校园文化氛围。例如，学校往往会在校园内放置刻有经典语句的石头，但是学校在购买过程中，对于石头的材质、石头上所刻的语句、石头在校园的安放位置等，都需要进行深入研究。对于石头的材质应该向专业人士请教；石头上的语句应该能够经得起历史的考验；对于石头的安放位置，应该根据校园的实际情况并经过各部门的协商进行决定。各部门之间应该相互协调、相互配合，只有这样才能让校园文化朝着更加健康的方向发展，才能让校园文化水平更上一层楼，才能将文化育人的功能充分发挥出来。高校文化育人主要是在无形中对学生的思想和行为产生积极影响，高校文化育人在具体工作的实施中，应该明确发展的目标，各部门落实具体的任务，各部门统筹规划，解决实施过程中各种难题。

（二）创新高校的相关文化品牌

精品的"精"在于思想、艺术、制作方面都比较精湛。校园文化要想打造出精品，所产生的影响必须要深远，应该打造自己文化品牌，并且所打造的文化名牌具有较强的渗透力和感召力。很多高校都有自己校园文化的标志，不仅吸引了自己学校的广大师生，也吸引了外来人的观赏，如北京大学校园文化的标志是未名湖，清华大学校园文化的标志是清华园牌楼，让无数人为之停留，也为众多学子提供了学习的动力。也有很多高校因景色而闻名全国，如武汉大学著名的樱花，一到春天便迎来了无数游客；电子科技大学著名的银杏，秋天银杏金黄的叶子营造了美丽的秋季景观，让人流连忘返。无论是标志性建筑，还是美丽的景物，都是高校校园文化的重要组成部分。这些校园文化形成了高校的品牌效应，是高校文化育人建设的重要成果，不仅让自己学校的学生为之自豪和骄傲，还让众多游人流连忘返。高校在校园文化建设中，也重视文体教育，有的高校组建了自己的篮球队伍，让其参加全国大学生篮球联赛，学校的参赛队伍引起了高校广大师生的重视，将广大师生的心凝聚了起来，起到了鼓舞人心的作用。有的高校组建了自己的乐队，不仅在校园进行了演出，还参加了全国演出，这样不仅培养了音乐人才，还让校园充满了生机。高校在打造自己校园文化品牌的过程中，并不是一帆风顺的，会遇到各种各样的困难，这时候，需要高校各部门同心协力，共同克服困难。人类在社会发展实践中证明，一个民族、一个国家最深厚持久的力量就是所具有的核心价值观得到了全社会的共同认可，因此，校园文化在建设过程中，应该具有深刻的思想性，应该与时俱进，大力弘扬先进文化，向学生和社会传播正能量，不断创新校园文化建设的方式方法，加强校园文化的宣传，最终建设出一个深受广大师生喜爱的校园文化。

（三）创新高校文化育人的相关功能

对于学生来说，高校不仅仅是学习的地方，还是温馨的家，大学生每天日常的生活和学习，几乎都是往返于教室、图书馆、宿舍、食堂、运动场之间，他们的校园生活可谓是丰富多彩。高校对大学生进行文化育人，能够帮助大学生树立正确的价值观，帮助他们养成良好的行为习惯，帮助他们形成理性的思维方式，让他们在面对问题时能够保持清醒的头脑来进行思考。要想让文化健康地发展下去，要将传承作为发展的基础，将创新作为发展的重点。传承和创新促进了民族文化的发展，让民族文化生生不息。高校文化育人创新发展，需要对校园文化设施进行科学合理的规划和建设，在宣传校园文化时要选择恰当的主体，要结合大学生生理和心理发展的规律以及成长成才的规律，要考虑大学生的实际需求，通过校园文化来潜移默化地影响学生的思想情感和行为习惯，让大学生的思想道德得到不断提升，让大学生形成正确的价值观，让校园朝着更加健康的方向发展。除此之外，高校在创新文化育人的过程中，还应该积极挖掘和开发良好的文化元素，深入探索文化育人的价值。由此可见，创新可以让校园文化的氛围活跃起来，能够让校园文化的品位得到大大的提升，能够将文化育人的功能得到更有效的发挥，能够让高校的影响力得到提升。高校文化育人的创新需要广大师生的努力和智慧，需要不断创新文化育人的形式，需要不断拓展文化育人的传播途径，需要不断丰富校园文化的内涵，更需要不断增强文化育人的科学化程度和实际成效。

第二节　丰富新时代高校文化育人内容

大学文化从结构上可以划分为制度文化、物质文化和行为文化等，不同的大学文化所包含的内容是不同的，因此，应该对不同大学文化的育人功能和价值进行深入研究。

一、大学制度下的文化育人

制度是组织得以存在和发展的重要基础，是组织内部所有成员必须遵守的行为规范。制度和文化之间具有密切的联系，二者之间是不可分离的，制度的核心内容是制度规定的权利和义务，制度的精神内核就是制度背后所蕴含的文化内涵，也就是制度文化。大学是一个学术组织，必然存在相应的制度，对组织内部成员进行管理，为组织的正常运行提供保障。每所高校都有适合自己的管理制度体系，也就有自身特色的制度文化。表面上，大学治理是通过构建完善的制度体系来进行的，但是，本质上，大学治理是通过大学制度文化来进行的。大学制度与一般的社会制度是不同的，它是文化经过长期积淀下来的，能够将大学的精髓和灵魂体现出来。

制度文化是制度体系下的组织成员经过长期的积淀对制度所形成的一种认知、看法与习惯，对人的行为起到一定的约束作用。这种约束力不仅包含规则体系，也包含行为规范。从深层次来说，制度文化是精神文化反映和体现在制度上的内容，制度文化会随着精神文化的变化而变化。如果一所高校具有良好的制度文化，不仅能够给予大学生一种归属感，还赋予大学生一定的使命感。凡是世界一流大学都离不开先进的管理制度，并将管理制度转化为了能够体现精神文化的制度文化。

大学制度与现实社会是无法分离的，大学制度存在于现实的社会制度和社会文化之中，因此，大学制度的建立和制度文化的建设在一定程度上会受到社会制度和社会文化的影响。在中国，高校在制定和执行规章制度的过程中，必须结合大学的文化，并将社会主义核心价值观充分体现出来，将大学文化的价值追求融入其中，只有这样的大学制度，才能得到广大师生的认可，才能顺利地被执行，才能起到激励和约束作用。

（一）大学制度下文化的根本载体是大学章程

国家进行内部治理的根本制度是宪法，大学进行内部治理的根本制度是章程。章程在大学的地位如同宪法在国家的地位，大学章程是大学进行内部治理过程中所依据的最高规范，是大学制度文化重要的根本载体，是大学对自身价值的理解和对自身使命的认识。大学章程不仅是大学价值理念和谨慎追求的标志，还是大学历史传统和办学特色的代表。大学章程在制定过程中，不仅参考了我国的高等教育法，还结合了自身办学的实际和特色，对大学内存在的根本问题进行了规定，如办学目的、管理机制、教师管理体制、师生的权利和义务等。当然，大学章程与政府、社会之间也具有很深的关系，一旦得到了大学最高权力机关的批准和上级教育管理部门核准，并在外部进行了公布，大学章程就被赋予了最高的制度效力，而大学其他的规章制度都不能脱离大学章程而单独制定，也不能与大学章程相背离。大学章程不仅将大学与政府之间的关系进行了理顺，还将大学与社会的关系进行了理顺，让大学在一定程度上进行了自治。要想更好地维护大学的权利，从而形成大学的制度文化，需要将学术权力与行政权力之间关系处理好，不能打破二者之间的平衡。

大学章程集中反映了大学文化，综合反映了现代大学在中国特色社会主义下的价值追求、核心使命、办学理念、培养目标和时代特征。制度需要结合时代发展的特征、学校的实际情况以及学生发展的实际需求等进行不断的建立、修改、废止等，将大学制度进行不断的完善，成为具有中国特色的现代大学制度，从而更好地为大学自治提供保证，为学术自由提供有力支撑，为文化育人奠定基础。

（二）大学制度文化的核心内容是大学自治与学术自由

大学是一个学术组织，具有一定的独立性，大学制度和制度文化不仅对大学内部关系进行了调整，也对大学外部关系进行了调整。大学自治和自主办学为大学与外部关系的维护奠定了坚实的基础；学术自由和教授治学为大学内部关系的维护提供了良好条件。

1. 大学独立自治

大学独立自治指的是作为独立的法人实体，大学不受社会、政府、企业以及其他有关组织的干预和影响，拥有办学自主权，可以独立自主地根据大学自身的发展战略和办学理念开展有关办学的活动。大学在办学和发展过程中一直在不断地解决办学自主权、大学自治与外界干涉之间的冲突，也在不断地维持它们之间的平衡。大学在不断追求办学自主权，从而达到大学自治的目的，与此同时，也受到外界各种的影响和干预，因此，大学必须面对外界对自身的影响从而获得足够的办学资源和良好的办学条件。大学自治的维护和办学自主权的落实，都需要将几种关系处理好。

（1）大学与政府之间的关系

在影响大学的所有因素中，政府的影响是最大的，也是最为关键的。将大学与政府的关系维持好、处理好，是现代大学制度所面临的基本问题。在中国，大学的办学经费一般是由政府拨款，因此，政府手中掌握众多资源，具有强大的指挥权，对大学也有一定的限制性。大学应该基于大学自治，进行制度建设；政府应该重新赋予大学应有的权利，也应该承担自身应有的职责。目前，各地正在进行"放、管、服"改革，以此将政府的职能进行转变，政府应该将大学发展的秩序维护好，为大学发展提供良好的制度环境，从宏观层面上加以指导和调控，为大学提供合理而稳定的教育经费支持，让大学在良好的外部环境中进行健康有序的发展。

（2）大学与社会、企业和其他组织之间的关系

相对于社会而言，大学是道德的高地，大学在办学过程中必须坚持自身的价

值追求，也必须坚持自身的发展理念，不能受到社会的不良影响，不能盲目地追求与社会同步，不能受到世俗观念的影响，为社会文化的发展发挥引领作用，为社会文化的发展树立标杆。

企业在大学发展中发挥着重要的支持作用，企业影响了大学的人才培养，促进了大学的科学研究，更在大学社会服务过程中承担着极其重要的角色。目前，众多高校与企业之间开启了校企合作模式，一方面在人才方面采取了联合培养模式；另一方面在科研上展开了高度合作，共同研究课题，联合建立实验室，并将科研成果通过企业进行推广和实施。大学在办学过程中，企业能够提供一定的办学经费和科研经费，大大提高了大学办学的成效，促进了大学的学术研究，这种产学研的联合模式也为现代社会经济的发展起到了极其重要的推动作用。但是，在这个过程中，大学应该避免受到企业功利性的影响，要坚守自己的初心，承担起自己的重要使命，大学不能以牺牲追求为代价对企业进行讨好，要始终站在合作共赢的角度，寻求共同发展。

（3）大学自身的自律问题

大学应该将自身的自律问题处理好，尤其是中国大学受到传统办学机制的影响，存在严重的等、靠、要等不良习惯，没有较强的自律意识，将自己处于被动地位，习惯性地接受政府的管理和约束。大学自治过程中，大学自律必须处理好，不仅要进行自我约束、自我管理，还要进行不断地自我完善，以此建立健全各项大学制度，从而形成良好的制度文化。

2. 相关学术的自由

大学是进行学术研究的重要场所，而学术自由为大学发展提供了强大的精神支撑。大学中聚集了不同的学科和不同的专业，学科、专业以及科学研究在发展过程中都有自身的发展规律，行政权力无法进行完全的掌控，对于发展过程中存在的问题，单纯依靠行政权力也是无法完全解决的。科学活动是理性的，需要进行长时间不断的探索，任何限制性的因素都会对科学的发展产生妨碍作用。因此，在大学科学研究过程中，应该具有足够的学术自由，为大学广大师生提供广阔的研究空间，让他们在其中进行自由的研究和探索，为他们营造良好的学术氛围，这样才能使大学以及大学内各个学科专业朝着不断发展的方向前进，才能创造出对社会有利的学术成果，才能培养出适合社会发展的创新型人才。因此，对于行政权力和学术权力之间的关系，大学一定要处理好，将属于教授的权力还给教授，让教授带领广大师生进行自由的研究和自由的教学，这样才能促进高校的人才培养，提高学校的科学研究成效。

为教授营造一个宽松而自由的学术环境，这样为教授学术研究的开展提供了很大的便利，为教授的"教与研"提供了莫大的自由，与此同时，也促进了学生的学习，为学生营造了自由的学习环境，让学生在这种环境中进行大胆的探索，有利于学生潜力的充分激发。纵观世界一流大学，几乎都为学生营造了自由的学习环境，让他们自由选课，对他们进行启发式教学，鼓励他们独立思考，让他们依靠自己的力量独立解决问题，从而让他们敢于探索未知的世界。除此之外，很多大学教师在上课过程中并没有应用固定的教材，而是将现行的新思想、新成果、新动态展现在学生面前，当然，也会介绍一些还没有那么成熟的学术观念。这样的教学行为，能够将学生自由的探索精神激发出来，不仅培养了他们进行独立思考的能力，还培养了他们解决问题的能力，更培养了他们创新发展的能力。

但是，需要注意的是，学术自由并不意味着一切问题都没有禁忌，师生应该清楚地知道自己应该做什么、不应该做什么，在学术研究上可以无所禁忌，但是在课堂教学中一定要遵守课堂纪律。同时，师生也应该有分辨政治问题和学术问题的能力。

二、大学物质文化方面的育人

在大学办学过程中，物质文化是精神文化的重要物质载体，不仅体现了大学的历史传统、文化底蕴和精神内涵，还体现了自身独特的个性特点，并且在校园的学习和生活中无处不在。物质文化不仅具有一定的文化性和艺术性，也具有一定的思想性和时代性。物质文化不仅能够将大学在办学过程中所坚持的价值追求、办学理念展现出来，还能将自身的审美情趣充分地展现出来，具有显著的育人功能。

（一）大学校园的校园建筑

校园建筑是大学校园物质环境的主体，校园建筑主要包含大学的地理位置、校园规划和整体风格、校园的标志性建筑。校园建筑是大学生在大学期间赖以学习和生活的空间环境，优美的现代化校园环境能够为大学生营造一个轻松而自由的学习氛围，能够将大学生对学校的情怀和对学习的热爱之情充分激发出来。

1. 大学如何选择所处地理位置

自然环境的好坏对人有很大的影响，好的自然环境能够让人有一个好的心情，坏的自然环境能够让人有一个坏心情。因此，大学建校之初，在选择地理位置的时候，要充分考虑自然环境因素。就拿我国古代书院来说，一般都是选择依山傍水的幽雅之地进行建设，通过自然山水的美丽景色，来陶冶众多学子们的情操，让他们在安静和谐的环境中学习，这正是运用了古代的哲学思想——天人合一、道法自然。国外大学在选址时也进行了深入考量，一般不会选择喧嚣的闹市，而是选择离闹市较远的僻静的小镇，如众多学子向往的牛津大学、剑桥大学。中国大学在选址时也非常讲究，如北京大学选择了燕园作为建校地址，将古典园林景观与现代建筑进行了完美的融合，让北大学子及外界人士流连忘返；武汉大学选择在珞珈山旁建校，依山傍水，将山水的灵性与校园的建筑融为一体，在视觉上给人以美的享受，在心理上给人以心旷神怡的享受。

2. 大学校园的建筑规划及整体风格

大学校园建筑在建设之前，必须进行整体的设计和规划，要始终坚持以人文本的理念，在结合其他历史、精神、物质、生态等多方面的因素，从形成具有本校特色风格的建筑。在这个过程中，应该将中国古典美与现代美进行完美的融合，在山水、花草树木、建筑雕塑、操场、道路等方面进行完美的规划，在布局、色彩、形状、功能以及文化方面达到和谐的统一，各个建筑的风格是相融的、是和谐的，不能为了追求时尚，自成风格，这样会失去文化的韵味。由此可见，大学建筑的整体风格是非常重要的，应该将大学所具有的价值追求和审美情趣充分展现出来，这需要各个部门的共同努力才能实现。

3. 大学校园的标志性建筑

大学应该建设独具特色的标志性建筑，并让这个建筑成为大学的象征。吴良镛教授曾经说："我所从事的专业建筑与城市规划学院本身就蕴含有科技、人文、艺术特有的综合的内涵。"❶大学在打造自身标志性建筑的时候，一般会选择大学的大门、主楼等建筑。大学会请专业而杰出的建筑设计团队和设计师，将自然环境、本校历史传统、自身办学特色、艺术美观等方面结合起来进行规划、设计和建造，将大学的办学理念和价值追求充分展现出来，让站在这些标志性建筑面前的大学师生产生敬仰之心和自豪之感。大门对一所大学来说，是门面担当，进入大学之前，看到的首先是学校的大门，是人们进入大学的第一直观印象，在广大师生的往返进出之中将大学的育人功能展现了出来。如北京大学的西门给人一种富丽堂皇、古朴端庄的感觉，清华大学的二校门给人一种高大气派的感觉，二者

---

❶　吴良镛.科技、人文与建筑——致力于人居环境科学的个人体会［J］.中国大学教学，2004（1）：53.

都吸引了无数学子为之努力学习。大学在主楼中开展教育教学，进行科学研究和管理工作，因此，大学的主楼也应该进行精心的设计，努力建设成能够代表该大学的标志性建筑。如南京大学、四川大学的主楼运用了中式风格，展现了学校历史的悠久；北京师范大学、南开大学的主楼采用了现代化风格，给人一种巍峨雄伟的感觉；哈尔滨工业大学、西安电子科技大学的主楼运用了苏联民族建筑风格，展现了浓郁的时代特色。

（二）大学校园的教育资源

大学教育资源是一种物质，是大学进行人才培养的重要载体，与大学人才培养的质量息息相关，与大学文化氛围的营造有密切的联系，是组成大学物质文化的重要部分。

1. 大学校园的图书馆、校史馆和博物馆

图书馆是大学校园中一个标志性建筑，主要服务于教师和学生，是他们进行学习和研究的重要场所，纵观世界一流大学，它们的图书馆也是一流的。哈佛大学、耶鲁大学和斯坦福大学的图书馆在世界大学图书馆中名列前茅，国内大学中图书馆的藏书量最多的是北京大学。大学图书馆的外观造型应该独具特色，但是，更应该注重它的使用功能和为师生所提供的服务，应该与世界学术和科技前沿接轨，为师生的学习和研究提供强有力的服务，让他们能够在图书馆的文化氛围和学术氛围中更好地进行学习和研究，为人才培养和科学研究提供助力。

校史馆内将大学的历史发展过程记录其中，将大学办学路上的艰辛、成果等都进行了浓缩，用言简意赅的文字描述了大学的发展历程，在里面也保存了大学发展过程中遗留下来的资料，也有一些实物陈列其中，大学师生在校史馆中能够了解大学的发展历程和大学积淀下来的深刻精神内涵，能够让大学师生感到自豪和振奋，从而提高大学师生的爱校之情。目前，各大高校都非常重视校史馆的建设，比较注重对校史实物的挖掘，也比较注重校园文化精神的挖掘，从实物到文化，让大学师生充分感受和重温大学的历史，达到了育人的目的。

杜玉波曾说："博物馆作为多功能的文化复合体，是传播知识、促进科研、弘扬文化、培育精神的重要场所……是实现文化育人的重要载体。"❶博物馆所具有的育人功能受到越来越多高校的重视，甚至有很多高校已经建设了自己的博物馆，如北京大学的赛克勒考古与艺术博物馆、上海交通大学的钱学森图书馆等。之后，这些大学充分挖掘了博物馆的育人功能，并在思想、文化、艺术上进行了充分展现，让博物馆真正发挥了自身的育人功能，为文化育人提供了重要推动力。

2. 大学校园的艺术馆、展览馆

大学校园里艺术馆、展览馆和其他相关的文化方面的设施，承载着大学校园的文化形态，就像蔡劲波所说，这些都"是反映大学精神的'物化的意识'和反映大学人理想追求的'诗化的情景'，是寄托大学人艺术审美和精神理想的载体，是大学文化场中无处不在、最具魅力、文化表征和影响力的因素之一"❷。大学艺术馆、展览馆所进行的各类艺术展览，对大学生审美意识的培养起到了重要的推动作用，对大学生进行了审美教育，提升了大学生的人文素养和艺术素养，让大学生得到了全面发展。中国大学对于艺术馆、展览馆的建设仍然处于起步阶段，与世界一流大学之间还有很大的距离。究其原因，主要是因为大学对艺术馆、展览馆的建设没有高度重视，只有很少高校践行了。但是即使有的大学建设了艺术馆、展览馆，也无法达到很好的育人效果。香港大学建设了美术博物馆，并举办了众多高水平的展览活动，充分提升了大学师生的艺术审美，也提高了大学师生的人文修养，达到了良好的育人效果。

---

❶　杜玉波.充分发挥高校博物馆育人功能［J］.高校理论战线，2012（7）：4-5.

❷　蔡劲松.大学艺境——文化视野与公共艺术［M］.北京：中国青年出版社，2012.

3. 大学校园的实验室和网络资源建设

实验室不仅是大学教学的重要阵地，也是科研的重要阵地，承载着大学的物质文化，发挥着重要的育人功能，向大学师生传递了开拓创新的科学精神和人文意识，为各大高校所重视。虽然中国各大高校在实验室建设上已经可以与世界一流大学相媲美，但是在育人方面还有所欠缺。

网络资源是新时代背景下重要的物质资源，大学要想与时俱进，就应该构建高速和便捷的校园网络体系，为大学师生提供丰富的信息服务，为大学师生的学习和研究提供便利。在网络文化建设过程中，要向广大师生传递优质信息，为他们营造健康优良的网络环境，充分发挥网络育人的功能。

除了上述教育资源之外，大学的各种形象标识都是精神文化在物质上的反映，如校徽、校匾、路标等，这些物质不仅凝聚了大学的精神文化，还展现了大学的办学理念，是大学物质文化和精神文化的结合体，能够代表大学的形象，是大学品牌化的重要标识，不仅提升了大学的影响力，还传播了大学的精神文化。

如今，很多高校都会在校内大学生毕业的时候，为他们发放有自己学校标志和可以展现本校文化特色的纪念品。例如，北京交通大学经管学院会将印着校训、校徽以及"饮水思源、爱国荣校"的大学精神的水杯赠送给即将毕业的学生，让这些学生毕业进入社会后，当用到这个水杯时就会回忆起在大学时期的点滴往事，这也让他们在不知不觉中传承和弘扬母校的校园特色文化。

大学物质文化包含十分丰富的内容，上述内容只是总结归纳了大学物质文化丰富内容的主要部分。就目前来说，除去少部分新建的高校以及少部分的高校新校区，中国已经完成了高校的现代化空间布局工作。需要注意的是，相对于在"大处"的有限空间里实施相应操作，细节的地方更应该要注重起来。大学校园要提升物质文化空间层面的水平，设计每一个细节时都要以人为本，从而实现人与自然之间的和谐共处，让大学物质文化方面的育人作用发挥到最大程度。

三、大学行为文化层面的育人

所谓"行为"，指的是人类个体在其思想的支配下所展现出来的外在活动，而群体所表现出的行为形成行为文化。大学行为文化指的是大学校园中的各个主体在日常生活中学习、进行相关文化活动以及进行科学教研活动或其他办学实践活动时所表现出来的行为模式、精神状态以及文化品位等等。大学行为文化具备文化的相关历史性的特点，所表现的功能和形式和其他大学文化状态有所不同，是大学行为独具的特点和习惯、风俗。古代文人所云"是以百里不同风，千里不同俗"（《汉书·王吉传》）和"无方之民皆有性也，不可推移"（《礼记·王制篇》），都是指人类的行为文化。

作为大学文化的重要载体，大学行为文化体现了大学的精神文化，又受大学物质文化和大学制度文化的约束。在大学校园的各种文化层次结构中，精神文化是大学校园所有文化的核心，也是其思想源泉。

而制度文化对大学个体的行为产生具体而直接的规范和约束，是大学办学理念和大学精神的延伸；物质文化是大学形象的外在表现形式，相对来说看得见、摸得着。以上三种文化都需要通过行为文化才可实现。通过对大学中个体的日常精神状况、工作学习状况和治学态度等方面的考察，我们可以较为清楚地判断出大学校园文化教育以及大学行为文化情况，并在此基础上得出相应的结论。

大学行为文化方面的育人是一项长期而又系统的工程，关系到整个大学行为模式的规范和引导，进而辐射到社会的行为模式，也涉及包括教师、学生、管理者和服务人员在内的大学主体的行为。伴随大学行为主体价值取向上的多元化以及行为方式、行为环境的多样化，大学行为文化也出现相应的复杂化、多样化的特征。各个行为主体的不同行为文化也形成了相对不同的行为文化内涵，并在育人方面发挥不同作用。

（一）培养优良的大学校风

大学教师、管理服务人员和学生的行为模式，将大学的教学作风、治学态度和工作作风集中地展示出来，又将大学校园的办学理念和相关的价值观念生动、形象地体现出来，并促成大学校园的校风和校园精神。

1. 大学的教学作风

大学教师是大学校园办学的主力军，无论是在日常的教学工作、教研工作以及生活里体现出来的精神状况、行为操守和文艺品味，还是在为学、为师和为人等方面的行为表现，这些方方面面经过长期积淀所形成的教师文化行为都表现出大学校园的教学作风，而良好的师德师风是大学教学作风的首要体现。大学教师行业是最光荣、最需要高品质的行业，大学教授在育人方面所展现出来的职业操守、道德水准以及思想政治方面的综合素质都会严重影响学生的行为举止和思维思想，并且有可能辐射和影响大学校园中其他教师乃至整个社会。由此可见，大学教职工作者要提升师德师风。很多大学校园里的党委教师工作部正在探索相关的新形式，并且在此基础上拓宽建设师德师风和教师思想政治工作的有效途径，运用制度上约束、教育上培养和文化艺术上熏陶的一系列方法，培养大学教师践行社会主义核心价值观。

2. 教师的治学态度作风

教师的治学态度也在一定程度上体现为大学教学作风，也就是大学教师的教风。大学教师教风包括教师对待学生时表现出的态度以及开展学术研究工作时表现出的科研态度，同时包括在严谨治学、服务社会、追求真理、教师育人等方面的作风，将大学教师的责任担当和知识分子的文化身份展现得淋漓尽致。

大学校园教师要时刻秉持爱岗敬业、科学严谨的治学态度，严格要求学生，在上课过程中认真而又详细地讲解专业知识，并适当开展各种形式的教学活动，使学生掌握相应的知识技能和本领；在科研工作中勇敢探索，追求真理，并且要在实验研究的相关工作中一丝不苟；时刻以"板凳要坐十年冷，文章不著半句坑"的准则来编撰学术论文，保持相应的自律精神。以上各方面都会在教师的日常教学过程里潜移默化地影响学生，并帮助学生培养创新精神和治学态度。由此可见，现代大学校园教师要有崇高的品德、教书育人的精神和教学科研的严谨态度，用自身独特的人格魅力来帮助学生进行各方面的提升，从而成为学生的良师益友。

大学生在日常生活中会受到大学校园教师的多方面影响，也表现出大学校园教师在各方面的心理特点和行为习惯，这种现象也说明大学行为文化具有普遍性的特点。但值得注意的是，学生具有自身的特点，在日常生活中会表现出与教师行为文化有所区别的行为文化，他们在日常学习中所体现的行为习惯风格，就是学风。"学风"一词最开始起源于《礼记·中庸》，其内涵指的是"详细地加以求教、广泛地加以学习、谨慎地加以思考、踏实地加以实践"，而在现代社会的大学校园里，它以大学校园自身的办学理念、学习习惯、舆论导向、学习要求和学习态度等为基础，进而形成大学校园的学习环境和学习氛围，将大学行为文化和精神风貌比较集中地体现出来，并且它也是高质量人才培养的重要保障。例如，剑桥大学、牛津大学和哈佛大学以及其他世界顶尖大学，都注重培养良好的学风。抗日战争时期，西南联合大学在较为艰苦的环境下依靠教师严谨的教风以及学生优秀的学风，为当时的中国培养和输送了各行各业的高素质人才。

3. 管理人员的具体工作作风

除此之外，相关管理人员展示出来的关爱师生、实事求是的具体工作作风，深刻影响着大学育人工作。广大管理服务工作人员，要面对教师也要面对学生，他们在具体工作中所表现出的行为文化会同时影响教师和学生。在上述过程中，管理人员的相关领导非常关键，尤其是校长和大学党委书记，他们的工作作风会直接影响大学校园内所有人员的工作作风。

综上所述，大学校园的教风、学风和各种作风在大学校园的日常生活里共同促成整体校风，它是大学群体在行为方面的外在体现，也时刻约束着大学群体的行为；反之，大学群体互相之间的影响也促成大学校园的工作、学习和生活的导向，进而演变为大学生群体的做法习惯，潜移默化地影响着每一位大学人士，也抵御着社会不良风气的侵蚀和渗透。由此可知，大学校园要注重教师的教风、学生的学风以及管理人员的工作作风，营造良好的校园氛围。

（二）开展相关文化活动

大学文化活动是大学文化里最生动、最活泼的内容，是大学文化育人的有效途径和重要组成部分。眼下，中国大学校园的文化活动比较丰富多彩，这为培养大学人才作出了卓越贡献。但不可否认的是，目前各个大学的校园文化活动或多或少存在活动过多、过滥的现象，顶层设计不足、品牌化和精品化不突出、学生参与度有限等问题都客观减弱了其效果。对大学生而言，积极、广泛参与和认可、接受校园文化活动，是他们进一步理解和接受校园文化的价值观和所代表的大学文化的唯一途径。由此可知，大学要加强策划校园文化活动，把控活动的精神导向，在社会主义核心价值观的引领下突出活动的内容和形式中的真、善、美的价值追求，并积极打造校园文化活动品牌，利用品牌效应将校园文化活动做大、做强，从而吸引广大学生参与进来，提升高校育人效果。

1. 要打造政治类的相关文化活动品牌

思想政治教育属于中国大学文化育人的特色教育，是加强中国特色社会主义大学思想教育的重要方式，它以相应的思想教育活动引领大学校园文化里育人的大方向。眼下，我国大学校园和学院学生组织及两级党员组织等都已经围绕大学生的成长成才开展了内容丰富、种类和形式多样的政治类文化活动，下一步要做的就是提高活动质量和扩大活动覆盖面，让更多的学生从中受益。特别要注意的是，大学校园要发挥中国特色社会主义的各种优势，打造相应的红色经典活动品牌。我国有一些建校历史相当悠久的大学，这些大学为解放人民、民族独立作出了贡献，弘扬了具有中国特色的爱国主义精神，并将之变为大学精神里重要的组成部分。例如，北京大学是中国"五四运动"的发源地，是新文化运动的中心，更是广大北京大学教师和学子不断发展的动力之源。各大学应该挖掘这种故事中的红色基因和爱国主义元素，使之成为思想政治活动的重要主体和组成内容。

2. 要打造学术文化活动类的相应品牌

进行科研探索是大学文化的基础，而大学文化是一种组织文化，学术性是大学文化与生俱来的重要品质和鲜明特色。大学生参加多种多样的学术文化活动，可以促进自身对包含真理、崇尚学术的大学文化氛围的追求。国内各个大学为打造品牌而进行的学术文化活动主要包括以下几方面内容。

（1）举办相关学术报告、前沿讲座

各大高校可以考虑邀请名师、各界大家来学校进行有关的学术辅导报告和学术前沿讲座，让广大教师和广大学生感受这些名师和大家的魅力风采，接触学术的前沿思想和前沿问题，进而开阔自身的学术视野。例如，北京交通大学举办的"大师面对面""明湖讲坛""院士校园行""交大大讲堂"等文化活动，邀请了很多名师、知名学者、文化艺术大师等到校做相关讲解，这有效提升了大学校园的学术文化氛围。

（2）开展学术类竞赛活动

各大高校可以举办学术类论文竞赛、学术类科技竞赛、创新创业竞赛等一系列和学术有关的活动，以此来激发学生参与学术研究的积极性。例如，清华大学研究院的"学术新秀"评选活动已历经二十多届，是研究生互相竞技的最高荣誉；"挑战杯"全国课外大学生科技作品竞赛，是国内学术参与创新创业和科技创新的顶级赛事，被视作现代大学生科技创新界的"奥林匹克"。

（3）开展各类科普性文化活动

各大高校可以举办类似学术文化节、普及文化月的综合性和科普性的文化活动，吸引更多的学生参与学术研究并激发广大学生对科学知识的渴求。例如，北京大学每年都会举办研究生文化节，在文化节这一时间段内邀请北京大学各学术大师和各学术领袖来为广大师生分享科研成果和学术造诣，进一步传承北京大学严谨的治学风气和优良的学术传统。

3. 要打造文化艺术类活动的相关品牌

习近平同志指出："文艺是时代前进的号角，最能代表一个时代的风貌，最能引领一个时代的风气。"❶ 文化艺术活动启迪着大学生心灵、陶冶着大学生情操，具有非常重要的育人作用。各个大学要从自身真实情况出发，提高广大师生的艺术鉴赏能力，激励他们创作文艺作品，并演绎相关经典。

（1）各大高校要创作经典文艺作品

高校要将校内人才和自身学科的优势发挥出来，激励广大师生更多地创作出能反映大学生审美追求、弘扬中华文化、弘扬社会主义核心价值观和集思想性、观赏性、艺术性为一身的优秀文艺作品。例如，清华大学原创话剧《马兰花开》、北京大学原创歌剧《王选之歌》、上海交通大学原创话剧《钱学森》、北京交通大学原创话剧《茅以升》、中国科学技术大学原创音乐剧《爱在天际》、浙江大学原创话剧《求是魂》、上海交通大学原创话剧《钱学森》、中国地质大学（武汉）原创话剧《大地之光》等优秀的文艺作品，充分展现了老一代功勋卓著的科学大师

---

❶ 中共中央宣传部. 习近平新时代中国特色社会主义思想三十讲［M］.北京：学习出版社，2018.

的光辉事迹和精神情怀。

（2）各大高校要开展高雅艺术进校园的相关活动

大学校园要善于利用社会文化资源，为广大学生提供艺术享受，且要注重校内相关高雅艺术活动的开展。大学可以开展涉及绘画、书法、舞蹈等活动，使广大教师、大学生能够充分感受中国传统文化的源远流长以及世界优秀文化的魅力。此外，还应加强各种兴趣社团的全面建设，并通过这些社团设计出相关活动载体，使各类活动形成特定的体系和规模，进而突出其多样性和思想性；各类活动还要注重体验性和自主性，充分发挥大学生个体的主动性与积极性，让学生发挥自身特长，自行安排活动的演出和观赏，在充满艺术性、思想性、娱乐性且不失教育性的活动中受益。

参考文献

[1] 张楠.新时代高校文化育人实效性研究［J］.汉字文化，2022（11）：164-167.

[2] 马聪.高校网络文化育人的作用及其实现研究［J］.文化产业，2022（05）：22-24.

[3] 李永春，饶赟.中国共产党革命文化的育人功能研究［J］.湖南大学学报（社会科学版），2022（01）：11-16.

[4] 郭瑞鹏，李良，张鹏鹏.高校校园文化育人的内涵及路径创新研究［J］.河南教育（高等教育），2021（11）：49-51.

[5] 王建升，王效美，张锐."双一流"建设视域下大学文化育人的实现［J］.高教学刊，2021（24）：23-26.

[6] 程瑞.从文化自觉到文化自信：红色文化的当代价值［J］.哈尔滨学院学报，2021（08）：19-23.

[7] 刘彩娜，刘楠楠.文化自信视域下高校文化育人提升机制研究［J］.边疆经济与文化，2021（08）：104-106.

[8] 秦在东，庄芩.论增强高校红色文化育人的实效性［J］.学校党建与思想教育，2021（11）：44-46.

[9] 王云瑞.习近平文化育人论述的研究［D］.贵阳：贵州师范大学，2021.

[10] 都轶群.红色文化育人功能培育研究 [D].沈阳:辽宁师范大学,2021.

[11] 王永友,董承婷.高校文化育人质量的出场语境:概念、要素及评价 [J].思想政治教育研究,2021(01):129-136.

[12] 陈爱爱.发挥优秀传统文化育人作用的意义及路径 [J].人民论坛,2021(04):107-109.

[13] 冯永刚.学校制度文化育人的逻辑向度 [J].山东师范大学学报(社会科学版),2020(05):135-144.

[14] 艾宏伟.文化自信视野下的高校文化育人 [J].教育与职业,2020(11):97-101.

[15] 罗莎,熊晓琳.新时代高校文化育人实现理路探赜 [J].思想教育研究,2020(04):135-139.

[16] 郭元祥,刘艳.论课堂教学中的文化育人 [J].课程.教材.教法,2020(04):31-37.

[17] 丁玉峰.思想政治教育文化形态研究 [D].重庆:西南大学,2019.

[18] 阴浩.基于文化自觉视野下高校文化育人实施路径 [J].中国高等教育,2019(21):51-52.

[19] 赵曙光.中华优秀传统文化育人的价值省思 [J].黑龙江高教研究,2019(06):133-136.

[20] 郑朝阳.新时代高校校园文化育人功能发挥研究 [D].长春:东北师范大学,2019.

[21] 冯刚.新时代文化育人的理论考察 [J].学校党建与思想教育,2019(05):4-7.

[22] 胡琦,章凡.文化育人视域下高校美育工作的机理及策略 [J].浙江理工大学学报(社会科学版),2019(02):201-207.

[23] 王振.改革开放以来高校文化育人的回顾与思考［J］.思想理论教育，2018（12）：90-95.

[24] 庄海龙.新时期高校红色文化育人研究［D］.扬州：扬州大学，2018.

[25] 满炫."以文化人"理念下高校文化育人目标的价值取向及科学设定［J］.江苏高教，2018（05）：68-71.

[26] 骆郁廷，马丽华.论微文化育人［J］.思想教育研究，2018（01）：32-36.

[27] 郑萼.以文化人以文育人增强师生文化自信［J］.思想政治工作研究，2017（10）：27-29.

[28] 陆凯，杨连生.以文化人视域下高校学生社团文化育人机制研究［J］.思想教育研究，2017（09）：101-104.

[29] 侯丽波.大学校园文化的育人功能研究［D］.西安：陕西师范大学，2013.

[30] 刘献君.论文化育人［J］.高等教育研究，2013（02）：1-8.